ムダを減らして、増やして安心！

# お金の使い方テク

内山貴博

朝日新聞出版

こんにちは FPの内山です 私の趣味は マラソンです
実は、お金が 苦手なことと、マラソンが 苦手なことは 似ています
例えば…
一緒に 42・195kmを 走りませんか？
え〜っ
嫌です！ あんな キツそうな こと絶対に したくない！
では こんな風に 伝えたら、どう でしょう？
マラソンって とにかく最高に 楽しいですよ！
えっ そうなの？
地域の方たちと 触れ合ったり、文化や歴史を 感じられたり！
がんばれ〜
へ〜〜！
給水ならぬ 給食も あるんです！
ご当地 グルメも 楽しめる
お〜 楽しそう！

そしてゴールの達成感！
GOAL
やったーっ
完走証とメダルに感動するんですよ！
完走証
メダルを眺めながらのおにぎりと豚汁！
は〜っ
帰りの温泉とビールなんてのも最高！
マラソンに興味が湧いてきたかも！
そうでしょう！実は、お金についても同じなんです
え〜っ
お金ってなんか難しそう…
いやいや
お金も見方を変えれば、意外におもしろいんですよ！
投資
年金
iDeCo
NISA
税金のしくみ
お金の管理
START
さぁ！一緒にスタートしましょう！
はい！ついていきます！

筆者の趣味の一つにマラソンがあり、「一緒に42・195㎞を走りませんか？」と友人や知人を大会に誘うことがあるのですが、「嫌です！　あんなキツそうなこと、絶対にしたくない」と断られることもしばしば。走るのが嫌いな読者の方は、おそらく同じように返答するでしょうね。

では、以下のように誘われたら、どうですか？

「マラソン大会に行くと、前夜祭があって、当日は見ず知らずの人も沿道からたくさん応援してくれます。大会によっては、途中で『給水』のみならず『給食』もあり、おいしいご当地グルメを楽しめるんです。ゴールした瞬間の達成感は筆舌に尽くしがたく、それに、完走証とメダルをもらえます！なかなか日々の生活でメダルをもらうことはないので、感動しますよ。そのメダルを見ながら、サービスの豚汁とおにぎりを食べるのですが、その塩加減が酷使した体にしみ渡り、癒やしてくれます。そして、ランナー限定の無料券で温泉に立ち寄り、帰りの新幹線では仲間とレースを振り返りながらビールを飲んで、最高の気分です。キツかったことなどすっかり忘れ、『次のレースどこにする？』なんて話で盛り上がります。日々の練習がダイエットになって、大会当日は旅行気分を味わえて、きっと世界観が変わりますよ！」

ここまで聞くといかがでしょうか？　走るのが嫌いな方も、少しは興味や関心を持つかもしれませんね。実は、お金についても同じことがいえます。

「老後2000万円問題」として、金融審議会の市場ワーキンググループがまとめた報告書が大きく取り上げられました。同レポートにおいては投資の重要性についても触れられていたため、一般的に「年金だけでは足りないから自分自身で投資をして老後に備えなさい」と捉えられ、「年金を頼りにしていたのに。投資なんてできない」と批判が集中しました。少なくとも、各地でセミナーや講演を行い、いろいろな方の声を聞き、私はそう感じました。

## 「投資＝怖い」

「**投資＝ギャンブル**」
「**投資＝難しい**」
多くの方が「投資」と聞いて拒否反応を示したのです。また、年金についても
「**若い人は損をする**」
「**払うだけムダ**」
「**将来もらえない**」

　こういった先入観が、お金に対して向き合う際に足かせになっているのかもしれません。

　しかし、今後の少子高齢化など私たちを取り巻く環境を考えますと、少なからず資産運用を始め、お金のことについて真剣に向き合わなければならないのは間違いありません。とはいえ、投資や年金をはじめ、保険の見直し、税金の仕組み、そして日々のお金の管理となると、どれも「難しそう」「めんどくさい」といった声が届きそうです。

　本書では、そんな人たちに「おっ、すぐにできそう！」「意外とおもしろいかも！」と感じてもらえるようなお金の知識やテクニックをお伝えします。マラソンを「キツイ」ではなく「ちょっと楽しそう」と感じてもらえるために先ほど力説しましたが、お金についてもワクワクしながら向き合ってもらえるように、なるべく読みやすく、わかりやすく、取り掛かりやすい内容にすることを心掛けました。

　それでは「On your mark（位置について）！」スタートです。

**内山貴博**

# Q 買い物するなら、どっちがお得？

## A

「最大70％OFF」のセールで
まとめて買う

大幅に値下げ
されていると
手が伸びがち
MAX
70%OFF

**実際に買う商品そのものの値段や必要性を見極めて！**

デパートのバーゲンセールやアウトレットモールなどで「最大70％OFF」のポップに目が行き、まとめ買いをしたことはありませんか？ そして、いろいろ買ったけれど、本当に欲しかったものは70％OFFでは買えなかった…という経験を、多くの人がしているのではないでしょうか。最初に目に入ったポップの数字に大きく影響されたわけです。

また、スーパーで目玉商

B

# 「お一人様〇個限定」の商品を必ず買う

限定品と聞くと
つい買ってしまう
ヒョイ
COOKIE
COOKIE
COOKIE
COOKIE
COOKIE
COOKIE
COOKIE
お一人様
3個限定！

品を「お一人様〇個限定」とした場合と「お一人様何個でも」とした場合では、同じ値段でも、個数を限定したほうが売り上げが2倍だったという調査結果があります。「限定」にされることで、私たちは自然とお得感を意識し、つい購入してしまうようです。当然、販売側はこれを狙って、商品をたくさん売りたいというのが本音です。ただ、本当に目玉商品で、品薄になるのを避けるために限定としている場合もあるので、見極めが必要となります。

70％OFFといわれると、なんだか買いたくなるんです。でもそのなかに欲しいものはなくて、結局、10％OFFや20％OFFのものをつい買っちゃったり…。

70％OFFという最初のインパクトに引っ張られてしまうと、10％OFF、20％OFFでもお買い得だと感じやすくなります。無駄遣いをやめたいのなら、レジに行く前に「これは本当に必要なのか」「自分が買おうとしているものは70％OFFじゃないよね」というふうに、踏みとどまらないといけませんね。

なるほど。それじゃあ「お一人様〇個限定」のものを買おうとするとき、気をつけるといいことはありますか？

限定〇個といった表記があっても、普段からよく買う必要なものであれば、お買い得かどうかの見極めはできると思います。お買い得な日を狙って買いに行った際は、あれこれ他のものを買わないようにしたいところです。

そうか、自分にとってお買い得ではない限定品を買ってしまうことはもちろん、限定品をきっかけに店内を回っていろいろ買ってしまうことも、無駄遣いにつながりかねないんだ！

値引き品や限定品を買うこと自体は、悪いことではありません。大切なのは、「70％OFF」「〇個限定」といった数字や表現に踊らされず、それが必要なものなのかを考えることです。自分が本当に選びたいものを選択できる、賢い消費者になりましょう。

# アンカリング効果の仕組みとそれに引っかからない方法

**衝動買いには、行動経済学における心理作用が働いていることが多いもの。この流れを知れば、無駄な買い物を減らせるはずです。**

## アンカリング効果とは

アンカー＝いかりを投じることで船がその場から大きく動けなくなるのと同様に、最初に目に入った数字などの印象が強く残りその後の行動に大きな影響を与えること。

- 最初に見た情報だけでお買い得！と感じる
- 限定なら価値がある！という気がする
- この機会を逃したら買えないかも！と思う

### つい衝動買いしてしまう

「70%OFF」に引かれたのに、実際に買ったのは10%OFFや20%OFFのものばかり…。個数が限定されると、値段にかかわらずお得に感じて買ってしまう…。

これを避けるには

## じっくり検討すること

最初の印象で飛びつくのはやめて、本当にお得か、本当に必要か、見極めましょう。特に注意したいのが、住宅や車など高額な買い物をする場合。「月々わずか○万円」という広告を見かけますが、購入方法をよく読むと、実際のお得感とはやや異なることは少なくありません。アンカリング効果のせいで、身の丈以上の高価な買い物をする可能性も。行動経済学の第一人者でノーベル経済学賞受賞者のダニエル・カーネマンは「複雑な計算など知的活動を動員してアンカリング効果を打ち消さなければならない」と指摘しています。買う前に、冷静に考えることが大切なのです。

# Q カメラを買うなら、どっちがお得？

## A

### ポイント還元

※次回以降の買い物で1ポイント＝１円として利用可能。ポイント利用に対してポイントは付与されない。

10%ポイント還元！
ポイントを使って実質タダで！
P
10万円で購入。
10%のポイント
GET

**支出を抑えられる現金値引きがお得**

話をわかりやすくするため、同じ10万円のカメラをA（10％ポイント還元）とB（10％現金値引き）の方法で、それぞれ10回にわたり買い続けたとしましょう。Aでは支出が１００万円、ポイントは貯め続ければ10万円分になります。Bでは支出が90万円です。

すると11回目、Aならポイントとカメラを交換できます。Bは、変わらず9万円が必要です。実質無料で商品が手に入るAは魅力的

# B

## 現金値引き

9万円で購入。
Aよりも
1万円安い
10% 現金
値引き
やっぱり
お得!

ですが、ここまでの支出を比べると、Aが１００万円、Bが99万円です。どちらも同じ商品を11個手に入れたのですが、Bのほうが1万円安いことになります。

もちろん、1回目から支出に1万円の差があります。これを貯蓄や投資に回せば利息や配当も期待できる一方、ポイントを貯めても利息はつきません。ポイント制度を否定しているわけではありませんが、ポイントは早めに使って支出を抑えたほうがお得、ということも覚えておいてください。

最近、ポイント還元で大きい買い物をしたんだけど、そのポイントを使う機会がなかなかなくて。だったら現金値引きで買ったほうがよかった気がする。

ポイント還元って、なぜかお得な気がしますよね。

そういえば、ヨーロッパ旅行を目指してマイルを貯めていたのに、その途中で有効期限が切れちゃったこともあったな…。

ポイントは上手に管理しないと、得する機会を逃しますね。それどころか、無駄な出費につながる場合もあります。「500円につき1ポイント付与」だと、ポイントをもらうために必要ないものまで買ってしまう。ポイントの有効期限が迫ると、買い物の必要はないのにお店に行って、また余計なものを買ってしまう。こんな場合です。

どっちもあるあるですね。

やみくもにポイント制度を利用しようと思うと、買おうとしているものが必要かそうでないかの判断をゆがめてしまうかもしれませんね。ポイント制度を利用するなら、使いこなせる数種類に絞って、早め早めに使うこと。たくさん貯めてから使っても、得する額は変わりません。確実に使って、支出を抑えるのがいいと思います。

これなら違いがわかる

# 同じカメラを買い続けた場合で比較してみよう！

**ポイントのつく商品と、ポイントはつかないけれど安い商品。本当にお得なのはどちらなのか、詳しく見てみましょう。**

## 現金値引き

1回目 **9万円**

10回目 **9万円**

支出

※ここまでの支出は計90万円

11回目 **9万円**

こっちがお得！

総計 **99万円**

## ポイント還元

1回目 **10万円**

10万円×10%＝1万円分のポイントGET

10回目 **10万円**

10万円×10%＝1万円分のポイントGET

支出

※ここまでの支出は計100万円
ポイントは計10万円分

11回目 **無料**

（10回目までに付与されたポイントを使用）

総計 **100万円**

お得なのは

## 支出を抑えること

どちらがお得か比べたとき、実質どちらも同じように思えるこの２つ。また、気に入った店でポイント制度があるとコツコツ貯めて、やや高額な商品を買うときにそれを使い、実質無料で商品を手に入れたい。そう楽しみにしている人も多いでしょう。ところが上記の通り、ポイント還元は必ずしもお得とは限りません。もちろん、ポイントがついて値段も安い店もたくさんあるので、好きな店で楽しく買い物をしてください。ただ、ポイントをずっと貯めていつかまとめて使うより、早めに使ってそのときどきの支出を抑えたほうが効率的なのです。

# Qうなぎを食べるなら、どれを選ぶ？

いちばん
高いものには
手を出しにくい

A
松コース
2500円

B
竹コース
1800円

いちばん安いもの
だと、ケチくさい
と思われるかも

C
梅コース
1300円

## 選択肢が3つあると つい真ん中を選びがち

「今日はうなぎが食べたいけれど、あまりお金は出したくないな…」と思いながら、店に入ったとします。それなのに、メニューが上記のようになっていた場合、梅ではなく竹コースを選んでしまう人は少なくないはず。これがもし、「竹コース１８００円」と「梅コース１３００円」の2択だったなら、梅コースを選ぶ人が増えるのではないでしょうか。選択肢が3つだと、真ん中を選びがちなのです。

こういう3択って、つい真ん中を選んじゃうな…。

なんとなく、はずれがない、大きく損はしないっていうイメージ。先生、これにもお店の狙いがあるんですか？

商売上手なお店は、そうした心理を狙っている可能性が高いです。最初から竹をたくさん準備して、なおかつ、いちばん利益率が高い値段設定にしておくんだとか。ビジネスの戦略に、竹を多く売るためにあえて松を用意するという手もあるほどです。つまり、真ん中のものを選んでもらうことで儲かる仕組みを作っているんですね。

えっ、そうなんだ…。じゃあ、どれがお得なんですか？

どれがお得とかはなく、真ん中が悪いわけでもありません。松竹梅で見ると竹に誘導されがちで、そのまま竹を選んでいいのかは考えたい、ということです。普段のランチは安い梅。おいしいものを節約しながら食べたいから竹。記念日は奮発して松。こうした、そもそもの目的と自分の満足度を基準に考えることが大切なんです。

MEMO

### 真ん中を選ぶ「極端の回避性」

外食や買い物をしようとするとき、目当ての商品に選択肢が3つあると、つい真ん中のものに手が伸びる…。この、極端を避けて真ん中を選ぶ心理は、行動経済学で指摘されているところです。3択を前にしたときは特に一呼吸おいて、よく考えましょう。選択肢に惑わされずに、値段そのもので判断することによって、余計な支出を減らすことができそうです。

# Q 缶ビールを買うなら、どっちを選ぶ？

中身が少ないと
割高になる
イメージがある
BEER
350ml

A

350㎖

BEER
500ml
中身が多いほど
お得という
イメージがある

B

500㎖

**大きいほう・多いほうが必ずしもお得ではない**

家飲みのために缶ビールを買う際、大きいほうがお得な気がして５００㎖缶を選ぶ人もいるかもしれませんね。ここで注目したいのは、１㎖あたりの値段です。筆者が調べたお店では、３５０㎖缶のほうが安かったのですが、皆さんが利用するお店はどうでしょうか。毎日のように消費するものは、少しの違いがのちに大きな違いになるので、最小単位の値段で判断するのがおすすめです。

缶ビールって、500mℓのほうがお得な気がするよね。

うんうん。多いほうが安いっていうイメージがずっとありました。

もちろん、その通りの場合もありますよ。地域やお店によって違うものです。少しでも安く買いたいのであれば、改めて、最小単位の価格に注目してみてください。一方で、自分にとってちょうどいい量も意識したいところですね。

安くまとめ買いすると、たくさんある！と思って何本も飲んじゃうな…。

まさに、そういうことです。それに、お得な350mℓ缶を買うようにしても、１本では物足りずもう1本飲んでしまうなら、最初から500mℓ缶１本にしておいたほうがいい、ということもいえますよね。特に嗜好品を買う際は、適度に楽しめるように、安く買うよりも容量を決めて買うほうがいい場合もあるかもしれません。

MEMO

### 毎日消費するなら、最小単位で安いものを

晩酌が日課という人にとっての缶ビールのように、毎日消費するもの、また、賞味期限が比較的長いものは、最小単位の値段が安いものがお得。ただし、半玉で98円、１玉で158円のキャベツはどうでしょう。お得な１玉のほうを買っても、新鮮でおいしいうちに食べきれなければ、結局無駄にしてしまいます。その商品を消費するプランを立て、無駄にならない量だけを買うことも大切です。

＼これで無駄遣いとおさらば！／

# お金を使う判断基準

**何も考えず、無意識に買い物を続けていると、お金はどんどん出て行くことに…。ここで、お金の賢い使い方の理論を学びましょう。**

## 1「ニーズ」と「ウォンツ」

**ニーズ**

**必要なもの**

壊れた洗濯機を買い替える
安価なトイレットペーパーを買う
日常的な最低限の食料を買う

**買ってOK!**

**ウォンツ**

**欲しいもの**

新機能の洗濯機が欲しい
高品質なトイレットペーパーが欲しい
高級レストランで食事がしたい

**冷静に考える**

**買おうかどうか悩んだら、生活に必要か否かを考える**

マーケティングの話でもよく使われる、この表現。買おうとするものが「ニーズ」に該当するなら、生活に必要不可欠なので買うことになります。一方「ウォンツ」であれば、欲しいけれど生活にそれほど必要ではないといえます。この2択で考えることが、冷静な買い物を後押しすることに。本当に必要なものを後回しにしていないか、ということを確認するためにも、役立つ考え方です。

# 2 「消費」「浪費」「投資」

**「ウォンツ」のものは買ったその先を考えてみる**

単に「ニーズ」か「ウォンツ」かで考えると、多くのものは生活に不可欠ではない「ウォンツ」に該当してしまいます。そこで、「消費」「浪費」「投資」の3択で考えるのもいい方法です。本は「ウォンツ」ですが、教養を身につけることができるので将来への「投資」と考えることも可能でしょう。その分、「浪費」を極力控えるという意識を持つだけでも、お金の使い方が変わりそうです。

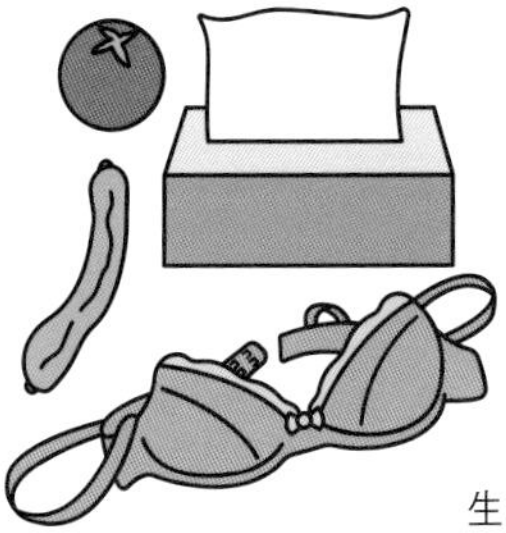

## 消費

日々の生活などで
使うものへの出費

生活に必要不可欠な食べ物や日用品、下着など。日々消費したり、経年劣化したりするので、買い替えが必要になるもの。

## 投資

将来の自分への
投資となるものへの出費

お金を投じることによって、将来の自己実現につながるもの。本の購入、資格取得のための学校への進学など。

## 浪費

いわば無駄遣い

お腹が満たされていても見ると食べたくなるスイーツ、似たものを持っているのに買ってしまう服やバッグ、アクセサリーなど。

やってみよう

# 無駄な買い物をなくすには

**ニーズとウォンツ、消費、浪費、投資の考え方を踏まえて、買う必要があるのか、ないのか、具体的に考えてみましょう。**

Aさん（36歳）

### スーツを買いたい

仕事で毎日スーツを着る、会社員のAさん。新たに1着買いたいと思っていますが、本当に必要なのでしょうか…？　欲しいと思った理由や状況としては次の3つのケースが想定でき、買わなくてもいい場合もあります。

## CASE 1 仕事で着ているスーツがくたびれてきた

ニーズ

であり

消費

↓

買ってOK!

○ 同じスーツを毎日着続けていれば、徐々に劣化します。そろそろ買い替えなくては…と思ったときに買うことは、問題ありません。

## CASE 2 スーツは何着も持っていて、まだ新しいものもある

# ウォンツであり浪費

### 冷静に考える

よく着ていたスーツが劣化したとはいえ、他に何着も持っているのなら、新しく買う必要はないかも…。デパートなどで見かけて欲しくなっただけ、という可能性もあります。

## CASE 3 高級なスーツを着れば、仕事で一流になれる気がする

# ウォンツであり投資

### 第三者の意見も聞いてみる

一人で即決せず、家族や友人に相談を。もしかしたら、一流の仕事をこなすうえでスーツより優先すべきものがあるかも。思いもよらないアドバイスをもらえる可能性があります。

MEMO

**買おうとしている理由を冷静に考えてみる**

すでにいくつも持っているのに、商品をパッと見ただけで欲しいと思うのが物欲です。物欲にかられると「この色はあまりないし…」などと理由をつけて、無駄遣いしてしまうので要注意。冷静に「必要か、不必要か」を基準に考えましょう。

# もくじ

## PART 2 日々使うお金を管理する

## この本の特徴

この本は「お金の総合病院」です。知らず知らずに家計が「重病」に陥っていませんか？　隅々までチェックし、「健康」を維持するには何から始めればいいのでしょうか？　まずは最初から一度読んでいただき、その後は興味のある分野を中心に何度も読み返して、皆さんの家計を健康に導いてください。

### 特徴 1　お金のこと全般を基礎からしっかり勉強できる

今までお金の勉強をする機会がなかったという人向けに、なるべく専門用語を避け、例え話を用いるなどわかりやすく解説しています。身近な銀行預金のことから投資、そして相続まで、一通りお金の知識を学ぶことができます。

### 特徴 2　新生活のお供として必要な知識をわかりやすく解説

何事も最初が肝心！　社会人になる、結婚をする、新居を構えるといった新生活を迎える際に、事前に知っておきたい知識を紹介しています。この一冊があれば、お金で失敗することなく、健全な家計を築くことができるでしょう。

### 特徴 3　悩んだとき、迷っているときに参考になるヒントが満載！

「あの保険に加入しようかな」「どっちの投資信託を解約したほうがいいんだろう？」「この場合、税金はかかるのかなぁ？」など、お金のことで悩むことや迷うことはたくさんあるはず。私たちがつい陥ってしまう行動パターンなども紹介していますので、きっとヒントになるはずです。

この本の使い方

- 2021年１月時点の情報を掲載しています。
- 金融商品や税制などは、一般的な内容を解説しています。その他の具体的な事例については、税務署などでご確認ください。
- FPとは、ファイナンシャル・プランナーのことです。
- データはわかりやすくするために、一部簡略化などして表しています。

PART 1

# 人生の三大支出を知る

生きていくうえで、お金は必要不可欠。そのなかでも、支出が高額になる用途は一般的に３つあるとされます。それぞれについて、自分はどれくらい必要なのかを考え、将来に備えましょう。

＼特にお金がかかる／

# 人生の三大支出って？

ライフプランや資産運用を考えるうえで基本となるのが、人生の三大支出。ここでは、その基礎情報について知っておきましょう。

## 三大支出を理解して準備する

### 教育資金

（≫P30）

子どもにかかるお金。子ども1人あたり1000万円程度とされる。

### 住宅資金

（≫P38）

住宅購入にかかるお金。住宅ローンを有効利用したい。

### 老後資金

（≫P48）

老後の暮らしにかかるお金。公的年金だけでまかなうのは難しい。

**人生には3つの大きな支出がある**

人生に必要なお金について、考えたことはありますか？ 生活費だけでなく、あらゆるライフイベントを見越して、備えておきたいものです。特に大きな額になる「教育資金」「住宅資金」「老後資金」は、人生の三大支出と呼びます。どんな人生を送りたいかによっても変わりますが、いずれも1000万円単位で必要です。早いうちからライフプランを検討し、準備しておきましょう。

## 資金準備はマイペースで取り組むことが第一

筆者が担っているＦＰ相談において最も多い質問が、「他の人はどうしていますか?」なのですが、これから必要になる資金は人それぞれです。例えば教育費なら、お子さんの人数、教育方針によります。また、長きにわたって資金を準備していく過程では、何かと大きな支出が続き、思うように積み立てができない局面もあります。焦らず、慌てず、マイペースで積み立てていくことが一番です。

### 三大支出に備えるテク

### 1 どんな人生を送りたいかを具体的に考える

結婚をするのか、子どもを持つのか、住まいは持ち家か賃貸か、仕事は会社勤めか個人事業か、親と同居するのか…。人生では、さまざまな選択があります。自分は今後どうしたいのか、具体的に思い描いてみましょう。

### 2 目標金額と準備可能期間を明確に決める

自分の三大支出がいくらなのか、それに対して今現在や将来見込める収入からするとどのくらいの準備期間が必要か、具体的に計算してみましょう。これが、生涯のマネープランの軸になります。

### 3 資金を準備するための方法を検討する

貯蓄やローン、資産運用など、資金を準備する方法としてはさまざまなものが考えられ、また、仕事を増やしたり、共働きでがんばったりして収入を増やす手段もあります。現実的にどんな方法があるか、考えてみましょう。

# 1 教育資金

## 子どもにかかるお金

### 高校までと大学の、2つのステージで考える

一般的に教育費のピークは大学生のときなので、そこを境に2つに分けて考えましょう。幼稚園から高校までは、すべて公立に通ったとしても部活動や塾において大きな出費が発生するケースが多い、という点は押さえておきたいですね。大学では、進学先によって必要な額は変わってきますが、いずれにしても支払いのタイミングを把握することが大切です。

### 第1ステージ　幼稚園～高校

年間教育費（塾などの学校外活動費を含む）

| | 公立 | 私立 |
|---|---|---|
| 幼稚園 | 22.4万円 | 52.8万円 |
| 小学校 | 32.1万円 | 159.9万円 |
| 中学校 | 48.8万円 | 140.6万円 |
| 高校 | 45.7万円 | 97.0万円 |

出典：文部科学省「子供の学習費調査」（平成30年度）
※数値は百の位を四捨五入して掲載

高校まで公立だと、教育費は月に３万～４万円。一般的な世帯なら毎月の収入で対応でき、このステージのために長期的な積み立てをする必要性は低いといえます。ただし、上記はあくまで平均。硬式野球部や剣道部に入るのなら最初に10万円以上が必要なケースもあり、高校卒業後に進学したいなら受験費用が必要です。子どもが複数いれば、こうした支払いが幾度と訪れるため、賞与の一定額を貯めておくなどしましょう。一方、小学校から私立だと、毎月10万円以上かかります。収入や貯蓄状況次第では私立コースを選択すること自体が難しい場合もあるので、現在と今後の収入の見込みをチェックすること。

### 金銭教育を兼ね、早いうちから子どもとも進路の話を

教育資金については、出産前後に意識する人が多いものです。子どもの希望が聞けないうちは親の方針で積み立てを始めますが、教育を受けるのは、あくまで子ども。「ずっとサッカーを続けていたけれど、高校ではバスケ部に入る」「夏休みは留学したい」など、親にとって想定外な希望をいわれて慌てることがないようにしたいところです。子どもとは早い段階から定期的に、進路やお金について話すことも、教育資金準備の重要なポイントです。

## 第2ステージ　大学

大学の初年度納入金

| | 入学料 | 授業料 | 施設設備費 | 合計 |
|---|---|---|---|---|
| 国公立大 | 28.2万円 | 53.6万円 | — | 81.8万円 |
| 私立大 | 24.9万円 | 91.2万円 | 18.0万円 | 134.1万円 |
| 文科系 | 22.8万円 | 79.4万円 | 15.1万円 | 117.3万円 |
| 理科系 | 25.6万円 | 111.7万円 | 17.7万円 | 155.0万円 |
| 医歯系 | 107.3万円 | 286.8万円 | 86.2万円 | 480.3万円 |

出典：国公立大は、文部科学省の定める標準額と、文部科学省「2020年度学生納付金調査結果」より、多くの大学が採用している金額を掲載。私立大は、文部科学省「令和元年度　私立大学等入学者に係る初年度学生納付金　平均額（定員１人当たり）の調査結果について」より

国立の場合、２～３月に入学料を原則一括で支払い、４～５月に前期の授業料26万7900円を支払うことに。加えて、自宅以外から通うなら引っ越しや新生活にかかる費用も発生します。ここを過ぎると、10月頃に後期の授業料を支払い、あとは卒業するまで年２回のペースで授業料の支払いが発生します。私立だと、年に２回支払う授業料が国立よりも高くなります。一般的に、大学にかかる費用は「４年間で○円」という総額が先行しがち。そのため「高い！」という印象を持つ人も多いのです。ところが、学費をどのような流れで支払っていくのかを確認してみると、少し違った印象になるのではないでしょうか。出費をよりリアルにイメージすることで、積立額を具体的に計算できるようになり、効果的な教育資金準備につながりそうです。

仕組みを理解して

# 奨学金の制度を最大限に利用しよう

**借りた後が重要な奨学金。借り方はもちろんのこと、どのように返していくのかも、きちんと考えましょう。**

## 制度は大きく分けると2種類

日本学生支援機構の奨学金

| 給付型 | 貸与型 | |
|---|---|---|
| 返還の<br>**必要なし** | 第一種<br>**無利子** | 第二種<br>**有利子**<br>（在学中は無利子） |
| 学業成績などに係る基準と、家計に係る基準を満たす人が対象（住民税の非課税世帯、それに準ずる世帯など）。 | 特に優れた学生および生徒で、経済的理由により著しく修学困難な人が対象。返還時に利子はつかない。 | 第一種よりゆるやかな基準によって選考された人が対象。返還時に利子がつく。 |

### 奨学金に頼る学生は増加傾向にある

日本学生支援機構の調査によると、2017年度は、大学、短大、高等専門学校など高等教育機関の学生の2・7人に1人が、同機構の奨学金を利用していました。その10年前は3・4人に1人だったので、奨学金に頼る人が増えていることがわかります。奨学金には給付型と貸与型があり、後者を利用した場合は通常、卒業後に社会人となってから返還していくことになります。

## 返還が難しくなったときは

**滞納せず、無理なく返還していける制度に申し込む**

見込みよりも給与が少なく生活が苦しい、自然災害に罹災《りさい》して奨学金の返還どころではない、といった状況にあるなら、月々の返還額を1／2や1／3に減らしたり、返還期間を先延ばししたりできます。いずれも、返還の総額が減るわけではありません。ただし、本人が死亡した場合や、精神・身体の障害で労働に制限が生じた場合などは、全部または一部の返還が免除されることもあります。

困ったら利用したい日本学生支援機構の制度

| | 返還期限猶予 | 減額返還 |
|---|---|---|
| 基準 | 年間給与収入300万円以下など | 年間給与収入325万円以下など |
| 期間 | 最長**10年** | 最長**15年** |

※どちらも、1年に1回願い出る必要がある

### MEMO

**奨学金を正しく認識し、親子で向き合う**

まず、高等教育には多くのお金がかかることを、親子できちんと認識する必要があると思います。そして、奨学金を利用するのなら、返還方法や利用できる制度まで正しく知ること。1回あたりの授業に高い授業料を払っているという意識が高まれば、しっかりとした学びにつながり、就職活動を成功させ、社会人になって一定の収入を得るという、いい流れを生み出すかもしれません。「投資に見合うリターン」を得られるよう、早い段階から親子で向き合う工夫をしてほしいものです。

知って得する！

# 教育費に関わる国の支援制度

年々上昇している教育費。家計の負担を少しでも減らすためには、公的な制度を知り、積極的に利用していくことが大切です。

## 児童手当をはじめさまざまな制度が

### 未就学児から大学生まで充実する支援制度

日本の子育てや教育に関わる制度としては、中学卒業まで対象となる児童手当が代表的。この他にも、未就学児から大学生に至るまで、国や自治体による支援制度が設置されてきています。高校までは授業料が実質無償化、経済的に厳しい家庭に対しては大学の入学金や授業料の援助、給付型奨学金など、さまざまな制度が導入されています。利用できる制度があれば、活用していきましょう。

児童手当は
**中学校卒業まで**が対象

| | | | |
|---|---|---|---|
| 対象 | **3歳** 未満 | **3歳** 以上<br>小学校修了前 | 中学生 |
| 月額 | 一律<br>**1万5000** 円 | **1万** 円<br>（第3子以降は<br>1万5000円） | 一律 **1万** 円 |

赤ちゃん　小学生　中学生

## 年代別　教育費の支援制度一覧

| 対象 | 制度名 | 内容・特徴 |
| --- | --- | --- |
| 幼稚園児 | 子ども・子育て支援新制度 | 子育てを、量と質の両面から社会全体で支える制度。認定こども園の普及や地域型保育事業など、保育の場と選択肢を増やす他、子育て支援拠点などの設置も行われている。 |
| 小学生～中学生 | 就学援助制度 | 経済状態が厳しい小中学生のいる家庭に、給食費や修学旅行費といった金銭的援助を行う制度。自治体単位で実施されるので、内容や金額は自治体によって異なる。 |
| 高校生 | 高等学校等就学支援金制度 | 高校生などに、授業料の一部または全部を支援する制度。世帯所得や通う学校の種類によって、支給の有無や金額が異なる。 |
| 高校生 | 高校生等奨学給付金 | 生活保護世帯や住民税非課税世帯など、低所得の世帯の高校生に対して、学用品代といった授業料以外の学費を給付する、返還不要の奨学金制度。 |
| 大学生 | 授業料等減免 | 高等教育の修学支援新制度の一環として行われるもので、大学や短大の、入学金と授業料の一部または全部を支援するもの。世帯所得や、学校が公立か私立かなどによって支援額は異なる。 |
| 大学生 | 給付型奨学金 | 高等教育の修学支援新制度の一環として日本学生支援機構の奨学金事業に設置された、返還不要の奨学金制度。これまでは対象が住民税非課税世帯に限られていたが、2020年4月より「それに準ずる世帯」まで拡大された。 |

## 教えてFP！

所得が数万円増えて
手当が減額。
教育費の負担を減らすには？

iDeCoに加入し所得控除されることで
減額対象から外れるかもしれません。

### 児童手当における所得制限

子どものいる世帯に支給される児童手当は、右記の通り所得制限があります。例えば専業主婦と子ども２人がいる、つまり扶養人数が３人の世帯は、所得が736万円を超えると手当の対象から外れます。

| 扶養人数 | 所得制限の限度額 | 給与収入額の目安 |
|---|---|---|
| 0人 | 622万円 | 833.3万円 |
| 1人 | 660万円 | 875.6万円 |
| 2人 | 698万円 | 917.8万円 |
| 3人 | 736万円 | 960.0万円 |
| 4人 | 774万円 | 1002.1万円 |
| 5人 | 812万円 | 1042.1万円 |

所得制限に該当するかの計算式

所得額 － 控除額 － 8万円

- 所得額：給与所得の他、各種所得の合計額
- 控除額：所得控除。小規模企業共済等掛金等控除など
- 8万円：社会保険料控除相当として一律

算出額が「所得制限の限度額」を超える場合 → 児童手当は減額されて5000円になる…

### 高等学校等就学支援金における所得制限

高等学校等就学支援金も、教育資金の負担軽減につながる制度です。１年に、公立高校であれば11万8800円、私立高校であれば所得に応じて39万6000円を上限に支給されます。ただし、高所得者は支給対象外。支給されるかどうかは、住民税額が目安になります。

所得制限に該当するかの計算式

課税標準額 × 6% − 市町村民税の調整控除の額

課税標準額：課税所得額のこと

市町村民税の調整控除の額：所得税との人的控除の差分

算出額が
30万4200円以上の場合
（年収目安は約910万円以上）
→ 高等学校等就学支援金は
支給されない…

## STEP 1 iDeCoに加入する

所得が、教育費に関する手当をもらえる限度額をわずかに超えている、という場合に有効な方法です。iDeCoの掛け金は小規模企業救済等控除として認められるため、iDeCoに加入することで、所得を制限の限度内に収めることができる可能性があります。iDeCoには加入しているけれど限度額まで拠出していないという人も、確認してみてください。

iDeCoの掛け金は
小規模企業共済等掛金等控除に該当

控除額が増える → 所得制限を回避できる →

児童手当を全額もらえる！
高等学校等就学支援金をもらえる！

人生の三大支出

# 2 住宅資金

## 住宅購入にかかるお金

### 何歳くらいで住宅を購入するか考える

下記の調査結果を見ると、40歳くらいで住宅を購入する人が多く、その半数以上が住宅ローンを組み、30年程度をかけて返済していくようです。とはいえ、これはあくまで平均であり、20代で購入するという人もいます。住宅をいつ購入するかを考えるにあたっては、世間の平均は参考程度にとらえ、自分の思い描くライフプランを優先して考えましょう。

住宅購入に関する調査結果

| | 住宅購入時の世帯主の平均年齢 | 住宅購入時の平均世帯年収 |
|---|---|---|
| 注文住宅 | 43.2歳 | 744万円 |
| 分譲戸建 | 38.6歳 | 688万円 |
| 分譲マンション | 43.3歳 | 798万円 |
| 中古戸建 | 46.2歳 | 720万円 |
| 中古マンション | 48.2歳 | 694万円 |

| | 住宅ローンありの割合 | 住宅ローンなしの割合 | 住宅ローン期間 |
|---|---|---|---|
| 注文住宅 | 76.0% | 13.9% | 32.1年 |
| 分譲戸建 | 69.3% | 12.2% | 32.7年 |
| 分譲マンション | 61.7% | 20.4% | 31.5年 |
| 中古戸建 | 48.4% | 26.1% | 28.1年 |
| 中古マンション | 49.4% | 27.7% | 28.9年 |

参考：国土交通省　住宅市場動向調査報告書（2019年）

※住宅ローンの有無は無回答が一定割合を占めるため、全体で100%とはならない。

MEMO

**コロナ後の住宅ローン事情**

収入が減って返済が苦しい場合は、返済期間を延長して毎月の返済額を軽減する措置や、一定期間は返済を軽減する措置、そしてボーナス返済の見直しなど、いくつかの対処法が考えられます。なんとか工面できないかと考えることも大切ですが、まずは銀行に相談してみてください。

## 頭金を貯めてからか、今だ！と思うときか

そろそろ戸建てを購入したいけれど、頭金を貯めるためにあと3年は我慢…という人も多いでしょう。確かに一定の頭金があるに越したことはありません。ただし、その3年間も家賃負担が生じますし、地価の上昇、材料費や人件費の高騰などで住宅価格はじりじりと上昇、ローン金利も高くなった、というシナリオも考えられます。今が好機だと思ったときに住宅購入を検討するのも一つです。

**4000万円**の物件
頭金**20%**
ローン**80%**で購入

＝

**3200万円**の物件
ローン**100%**
で購入

どちらも3200万円を返済することに
変わりはない

条件に合う物件を見つけるのは意外と難しい。

**家族の生活環境、子どもの学校のことを考慮して、今だ！と思うタイミングが住宅購入のチャンス！**

住宅ローンを組む前に！

# 知っておきたい金利のこと

住宅購入は大きな買い物なので、住宅ローン選びも家計を大きく左右します。まずはその金利について詳しく見ていきましょう。

## 金利の違いを理解する

将来
変わるかもしれない
変動金利？
ずっと変わらない
固定金利？

### 金利が将来変わるか、ずっと変わらないか

住宅ローンは、金利の違いによって2つに大別されます。「変動金利」は、日本銀行が景気動向を踏まえてコントロールする金利（政策金利）をもとに半年ごとに見直されるため、将来金利が変動する可能性があります。「固定金利」は、10年もの国債の利回りをもとに決まり、一度契約すると完済まで金利は変わりません。そして左ページの通り、2つの中間にあたる期間選択型の固定金利もあります。

# これから有利になる金利はどれなのか

**超低金利状態は今後しばらく続きそう**

住宅ローンの金利はたいてい、景気がよくなれば上がり、悪くなれば下がります。あくまで予想ですが、今後しばらくは超低金利状態が続くとみられ、変動金利がややお得といえそうです。ただ、固定金利もずいぶん低くなっているため、今のうちに全期間固定型を選ぶのもいいでしょう。どちらを選んでもかなり低い金利水準であり、住宅ローン契約者にとっては借りやすいときだといえます。

## 変動金利

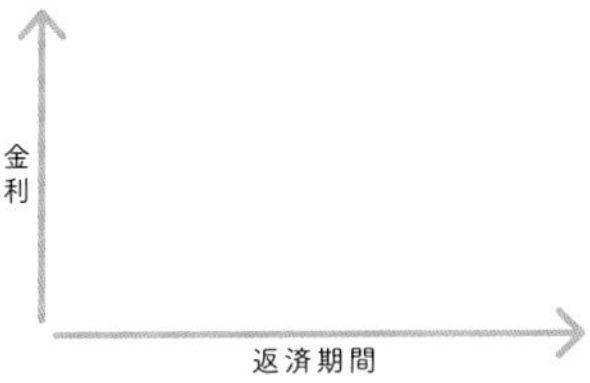


主なメリット

歴史的な
低金利水準にあり、原則、
他のタイプより金利が低い

主なデメリット

金利が将来変わる可能性が
あるので、返済総額が
最後まで確定しない

## 固定金利
（期間選択型）

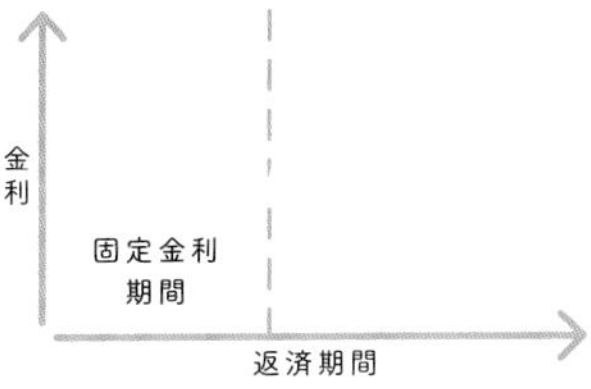


主なメリット

金利が固定よりは低めで、
固定金利の期間は返済額を
確定できる

主なデメリット

固定金利期間後の
返済総額がわからない

## 固定金利
（全期間固定型）

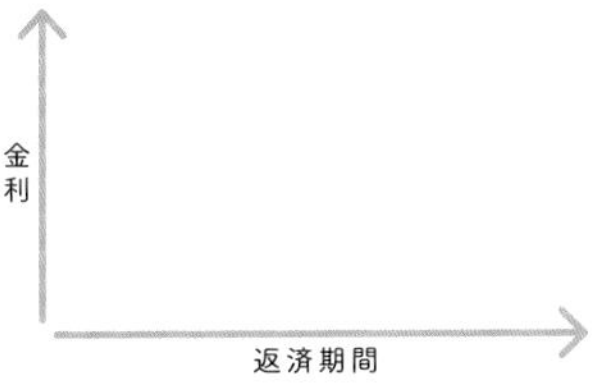


主なメリット

借入時にローンの返済総額が
確定でき、政策金利が
上昇しても返済額は変わらない

主なデメリット

原則、金利が他のタイプより
高く、政策金利が下がっても
返済額が変わらない

2人でよく考えて

# 共働き夫婦が選択できる住宅ローン

夢のマイホーム購入には、住宅ローンを上手に利用しましょう。
共働き夫婦であればその選択肢が広がるので、要チェックです。

共働き世帯数の推移

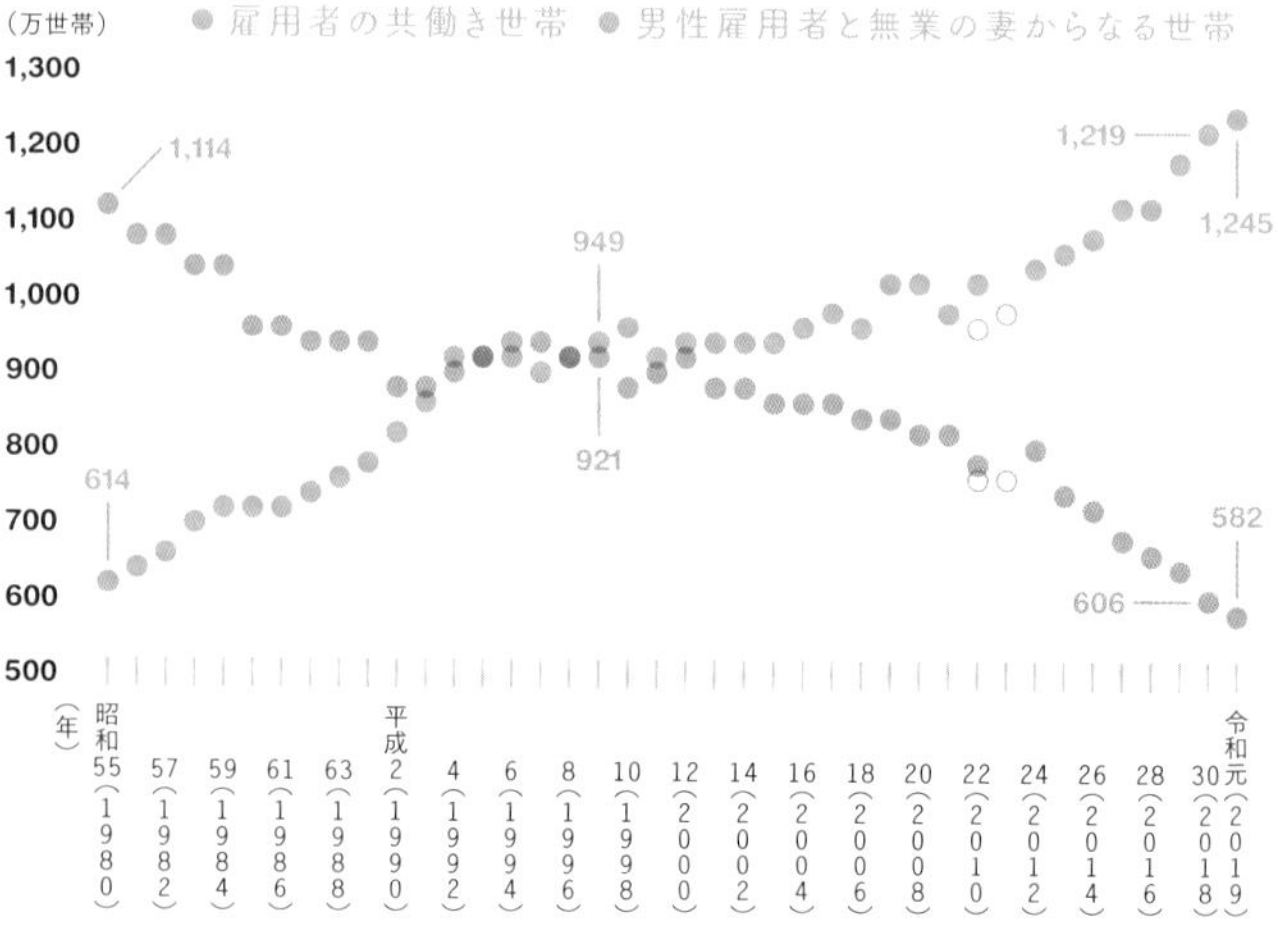


※昭和55年から平成13年までは総務庁「労働力調査特別調査」（各年２月。ただし、昭和55年から57年は各月３月）。平成14年以降は総務省「労働力調査（詳細集計）」より作成。「労働力調査特別調査」と「労働力調査（詳細集計）」とでは、調査方法、調査月などが相違することから、時系列比較には注意を要する。
※「男性雇用者と無業の妻からなる世帯」とは、平成29年までは、夫が非農林業雇用者で、妻が非就業者（非労働力人口および完全失業者）の世帯。平成30年以降は、就業状態の分類区分の変更に伴い、夫が非農林業雇用者で、妻が非就業者（非労働力人口および失業者）の世帯。
※「雇用者の共働き世帯」とは、夫婦ともに非農林業雇用者（非正規の職員・従業員を含む）の世帯。
※平成22年および23年の値（白抜き表示）は、岩手県、宮城県および福島県を除く全国の結果。
出典：内閣府「男女共同参画白書」（2020年）

## 共働き増で、夫婦でローンを組むケースも増

### 住宅ローンの選択肢が広がることに

従来、女性は仕事を持っていても、結婚すれば家庭に入って専業主婦になるのが普通でした。しかし、男女平等の意識の高まりから女性の社会進出が進み、共働き世帯が徐々に増加していきました。住宅ローンも、夫の収入だけに頼るのではなく、妻の収入も合わせて2人で協力していくことが可能になると、選択肢が広がります。自分たちにとって最適なものを選んでほしいところです。

# 選べる3種類の住宅ローン

## 借入額が増えれば物件の選択肢も広がる

夫婦どちらかが単独でローンを組む場合、年収などの審査結果によっては、思ったほどの借入額が見込めないこともあります。そうなると、購入できる物件は限られていくことに…。夫婦共働きであれば、協力して契約したり、夫婦の収入を合算したりすることで、より多くの借り入れが可能になります。つまり、2人のライフスタイルに合う物件を、より選びやすくなるのです。

### 1 夫婦どちらかが単独で組む

夫あるいは妻のどちらか一方が債務者（契約者）となり、返済の責任を負う。審査の対象となるのは、債務者の年収のみ。債務者は、住宅ローン減税による控除を受けられる。ローンが返済できない場合でも、配偶者に返済義務はない。

### 2 夫婦それぞれが組む（ペアローン）

夫と妻、それぞれが債務者となりローンを組むペアローンという方法。2人で分けあってローンを申し込むので、審査に通りやすくなる。住宅ローン控除もそれぞれ受けられるが、ローンが2本となるため諸費用がかさむことになる。

### 3 夫婦の収入を合算して組む（収入合算）

1つのローンを2人で一緒に返済していく。連帯債務の場合、夫婦で決めた割合に応じてそれぞれが返済する。連帯保証の場合、一方が債務者、もう一方が連帯保証人となり、債務者が返済できないときは連帯保証人が返済義務を負う。

住宅ローン控除について詳しく ≫P249

## 教えてFP！

ペアローンを組むか、
収入を合算して組むか、迷います。
どうやって決めたらいいの？

### 選択肢は3つあるので、比較してみましょう

夫婦で協力して住宅ローンを組む場合、ペアローン、連帯債務、連帯保証の３つの方法が考えられます。P43の❷と❸をわかりやすく比較した下記の表にある通り、住宅ローン控除の利用可否や、名義のこと、事務手数料など、比較のポイントがいくつかあります。自分たちの収入や夫婦でのバランス、借金に関する双方の考え方などによっても、選択は異なってくるはずです。そこを踏まえ、夫婦でよく話しあってみてください。

| | ペアローン（夫婦それぞれが組む） | 収入合算 | |
|---|---|---|---|
| | | 連帯債務（夫婦の収入を合算して組む） | 連帯保証（夫婦の収入を合算して組む） |
| 団体信用生命保険 | 夫も妻も加入できる | 一般に夫のみ加入できる | 夫のみ加入できる |
| 住宅ローン控除（住宅ローン減税） | 夫も妻も利用できる | 夫も妻も利用できる | 夫のみ利用できる |
| 所有権（名義） | 夫婦にある（共有名義） | 夫婦にある（共有名義） | 夫にある（夫名義） |
| 諸費用 | 2人分 | 1人分 | 1人分 |

※連帯債務・連帯保証の債務者（契約者）を夫とした場合。

## CHECK 1 ペアローンのメリット＆デメリット

### 主なメリット

- 借入可能額が増える
- 夫も妻も、住宅ローン控除を利用できる
- 夫も妻も、団体信用生命保険（団信）に加入できる

夫婦それぞれが債務者となるため、１人あたりの借入額が下がって審査に通りやすくなり、２人合わせて多くの借り入れが可能に。住宅ローン控除による節税効果もあります。また、債務者が死亡した場合に残高を清算するための生命保険、団信に加入できます。

### 主なデメリット

- 初期費用が高くなる
- どちらかが働けなくなったら返済が難しくなる
- どちらかが死亡した場合、残されたほうのローンは残る

１本のローン契約時と比べ、手数料が２本分なので初期費用が高くなる他、１人が働けなくなった場合に返済が難しくなるリスクが高まります。また、パートナーが死亡した場合、自分のローンについては団信から充当されないため、返済を続ける必要があります。

## CHECK 2 連帯債務と連帯保証の違い

連帯債務では、１人が主債務者、もう１人が連帯債務者となり、双方に返済の義務が生じます。一方、連帯保証の場合、住宅ローンの名義人は主債務者にあり、債務を負う義務はまず主債務者にあります。連帯保証人は、主債務者の返済が滞ったときにのみ、返済の義務を負うことになります。

控除期間の終了に伴って

# 住宅ローンの見直しテク

減税となる住宅ローン控除の対象期間が終わったときなど、
繰り上げ返済すべきなのか、考えてみましょう。

## 残高が多いほど繰り上げ返済で利息は軽減

見直しポイント

- **契約内容**と**資産や収入状況**を確認
- **他の住宅ローン**への**借り換え**の検討
- **子どもの教育プラン**の確認

### 手元の資金や今後の貯蓄額を考慮して

住宅ローンは少しでも早く返済したい!という気持ちが高まることもあると思います。ただし、繰り上げ返済するということは、手元の資金を使ってしまう、あるいは、その先の貯蓄ペースが鈍くなるということです。安定した生活を送るために、繰り上げ返済しないほうがいい場合もあります。それを判断するには、上記のポイントを踏まえて考えてみるのがいいでしょう。

# 繰り上げ返済だけでなく借り換えも選択肢に

**見直しによる家計への影響を考えて判断を**

現在利用中の住宅ローンの残高が多いほど、繰り上げ返済によって利息を軽減させられます。また、契約してから10年程度が経過しているなら、金利のタイプと水準、ローンの残高と期間などを確認してください。金利は10年前よりもさらに低くなっているため、借り換えることで金利を低くできれば、返済額を減らせます。こうした確認に加えて、教育プランをどうするのかも重要になってきます。

## 借り換えについて

借り換えも選択肢の一つとしてあげられます。各銀行の、借り換え専用ローンなどを調べてみましょう。借り換えることで、金利負担額が大きく減少する可能性もあります。

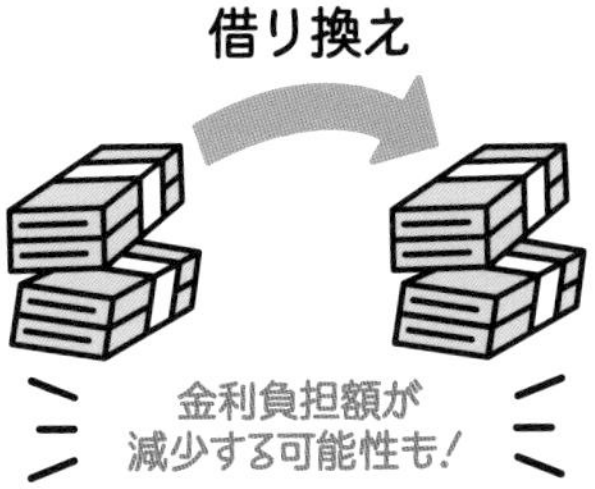
借り換え
金利負担額が
減少する可能性も！

## 教育プランについて

子どもがいる場合、生まれたばかりなら特に、どんな教育を受けさせていくのか、それにはいくら必要か、確認しましょう。今後の収入できちんと準備できるなら、繰り上げ返済もいいかもしれません。

繰り上げ返済には、こうすべき！という答えはありません。見直しポイントを参考にして、それぞれの家庭に合った方法で返済していきましょう。

# 3 老後資金

## 老後の暮らしにかかるお金

### 自分は年金＋αがどれくらい必要なのか

下記の調査結果によれば、夫婦2人で老後生活を送るのに必要と考えられている最低日常生活費の令和元年の平均は、月額22・1万円です。現在の老齢厚生年金受給額の平均が1人あたり約14万円なので、夫婦それぞれが会社員で厚生年金に長きにわたって加入する前提であれば、年金だけで生活費はなんとかなりそうです。一方、自営業者の国民年金受給額の平均は、月額

老後の最低日常生活費

| | 平成10年 | 平成13年 | 平成16年 | 平成19年 | 平成22年 | 平成25年 | 平成28年 | 令和元年 |
|---|---|---|---|---|---|---|---|---|
| 15万円未満 | 3.6% | 4.4% | 3.3% | 4.1% | 5.4% | 5.0% | 5.9% | 5.9% |
| 15～20万円未満 | 9.0% | 9.5% | 7.9% | 9.7% | 13.1% | 14.1% | 13.1% | 13.0% |
| 20～25万円未満 | 27.4% | 28.5% | 27.1% | 29.2% | 31.9% | 32.3% | 31.5% | 29.4% |
| 25～30万円未満 | 13.0% | 13.1% | 16.6% | 15.8% | 13.5% | 15.8% | 13.6% | 13.1% |
| 30～40万円未満 | 22.1% | 22.6% | 23.9% | 19.5% | 17.7% | 15.8% | 15.0% | 17.0% |
| 40万円以上 | 4.2% | 3.2% | 3.1% | 2.3% | 2.2% | 1.7% | 2.4% | 1.9% |
| わからない | 20.7% | 18.7% | 18.2% | 19.4% | 16.1% | 15.4% | 18.6% | 19.6% |
| 調査対象者 | 4217人 | 4197人 | 4202人 | 4059人 | 4076人 | 4043人 | 4056人 | 4014人 |
| 平均額 | 24.0万円 | 23.5万円 | 24.2万円 | 23.2万円 | 22.3万円 | 22.0万円 | 22.0万円 | 22.1万円 |

出典：生命保険文化センター「令和元年度 生活保障に関する調査 速報版」（一部抜粋）

5・5万円です。夫婦2人分を合わせても11万円ほどなので、最低日常生活費もまかなえません。

もちろん、年金加入歴は人それぞれです。おおよその目安を立て、年金以外にどれくらい必要なのかを視野に入れながら、お金を貯めていく必要があります。

なお、ゆとりある生活に必要と考えられるお金の令和元年の平均は、月額約36万円。時間に余裕ができる老後は、できれば経済的にも余裕のある生活を送りたいですね。そして、健康面への配慮も必要となってきます。

ゆとりある老後生活費

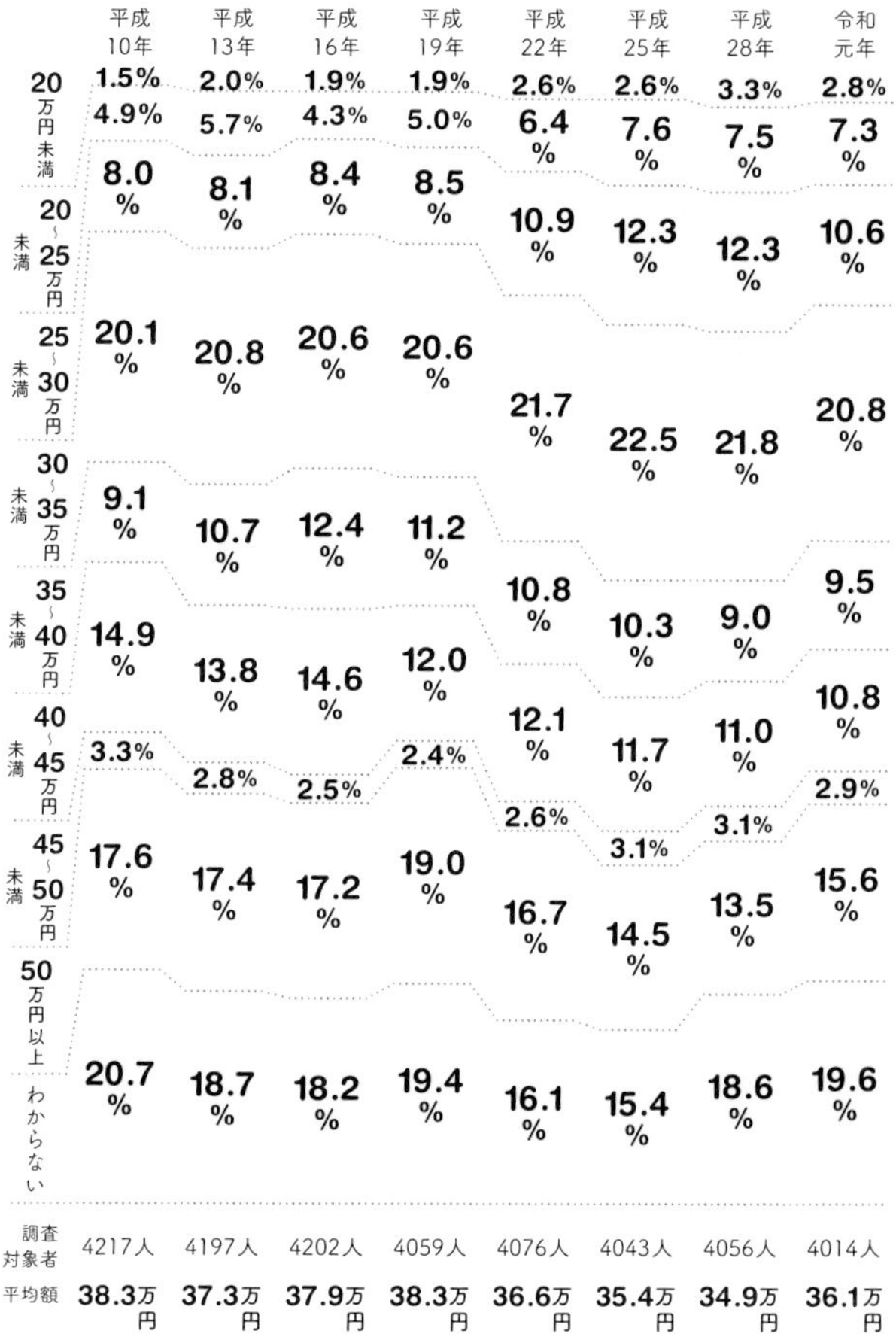


出典：生命保険文化センター「令和元年度 生活保障に関する調査 速報版」（一部抜粋）

自分の場合はどれくらい？

# 豊かな老後に必要なお金

**老後にいくら必要かは、額の大きいイベント費にも左右されます。この予算を中心に、自分の老後資金を考えてみてください。**

老後にかかる生活費の目安（月額）

**20万～25万円**

定年後のイベント例とその費用例

| | |
|---|---|
| 子どもの結婚費用援助 | **100万～300万**円 |
| 子どもの住宅購入資金援助 | ～**1000万**円 |
| 住宅のリフォーム | **50万～300万**円 |
| 車の買い替え | **100万～200万**円 |
| 葬儀費用 | **100万～200万**円 |

参考：日本FP協会「くらしとお金のワークブック」（2019年）

## 老後に必要な額をきちんと把握する

### 老後の生活費の他にイベントの費用も必要

生きていくのにかかるお金は、生活費だけではありません。住宅や車などに関する、大きな資金が必要なときもあるでしょう。それに、毎年旅行をしたい人、子どもが結婚や住宅購入をするとなれば援助したい人もいるはずです。また、自分の葬儀やお墓、相続などについて考えておく必要もあります。こうした、定年後のイベントにかかる費用を含めて、老後にいくら必要なのか把握しましょう。

# 退職後の収入と支出から将来必要な資金を把握しよう

**夫と妻の毎月の収入** ×12ヵ月

- 公的年金（»P56）
- 企業年金
- 個人年金保険
- その他の収入

－

**毎月の支出** ×12ヵ月

- 基本生活費
- 住居維持費
- 車両費
- 娯楽費
- 社会保険料
- 保険料
- その他の支出

＋

**年間の特別支出**

- 年払い保険料
- 自動車保険料
- 所得税
- 住民税
- 固定資産税
- その他の支出

老後は毎月・毎年かかるお金を払っていくだけで赤字！という人も多いはず

＝

## 1年間に不足するお金

## 豊かな老後に必要なお金

**1年間に不足するお金 × 必要期間 ＋ イベント費**

必要期間とは、退職後に生きていく年数。その間に最低限なくてはならないお金に加え、右ページであげたようなイベント費も加わる場合、いくらになるでしょうか。

↓

**退職時に手元に用意できるお金 ＞ 老後に必要なお金**

**になるよう、今から備える**

足りない分を見越して、投資信託の積み立てなどで早めに備えましょう。

# 年金制度を理解しよう

**老後のお金を考える際は、年金の知識が基本に。自分は公的・私的、それぞれどんな年金制度に関わりがあるのか、知っておきましょう。**

厚生労働省「年金制度の仕組み」の図を
次のページからわかりやすく解説！

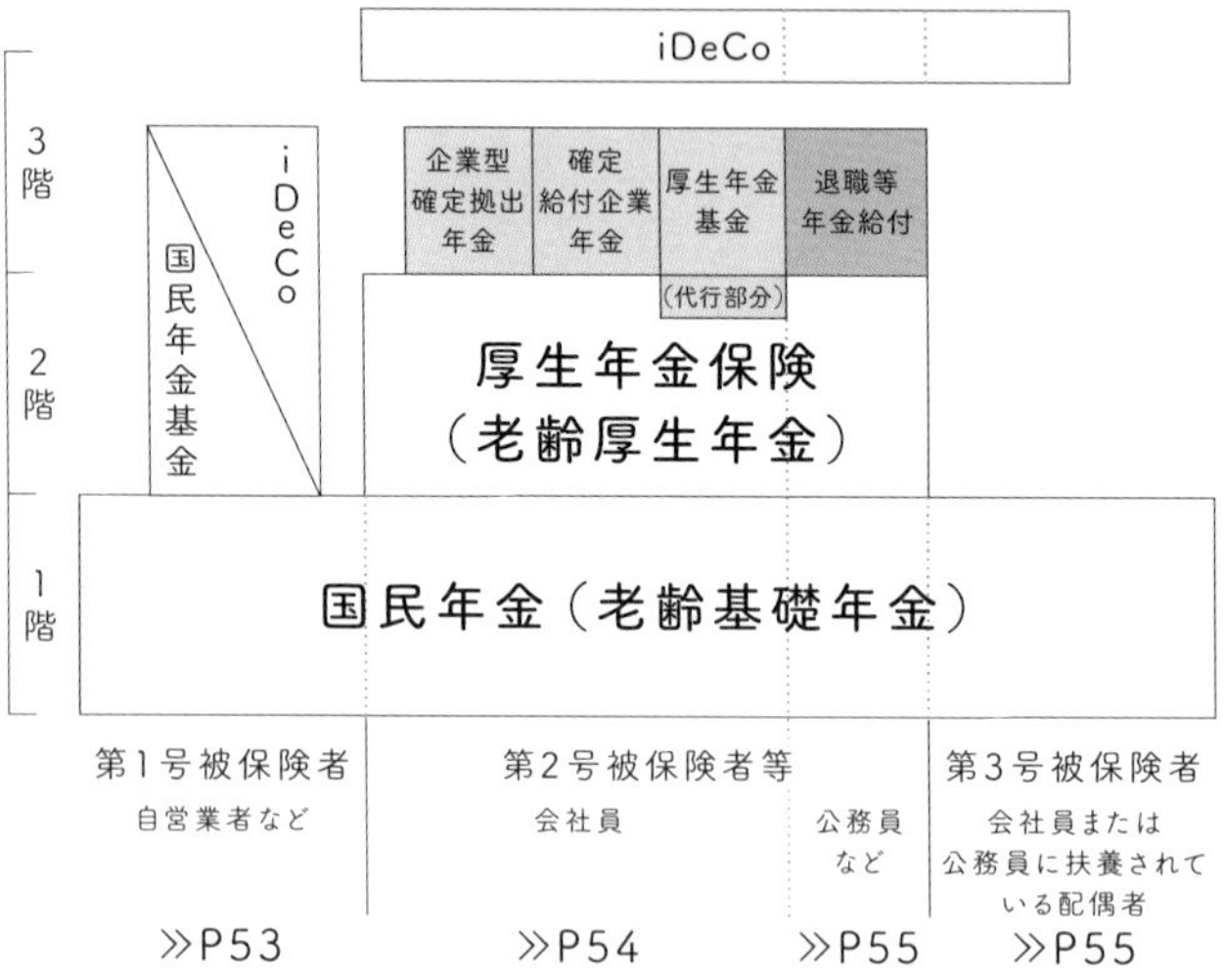


参考：厚生労働省「年金制度の仕組み」

iDeCoについて詳しく ≫P204

## 生涯給付が受けられる保険機能

**公的年金である国民年金の上に、各種年金を積み重ね**

日本に住む私たちは、20歳以上60歳未満であれば国民年金に加入します。これは、現役世代が保険料を支払って、高齢者に給付するという仕組みです。年金制度を考える際は、この国民年金を建物の1階、その上に積み重ねる別の年金を2階・3階とイメージします。国民年金の加入者（被保険者）は、第1～3号に分けられます。それぞれについて、詳しく見ていきましょう。

# CASE 1 第1号被保険者（自営業者など）

階層のイメージ

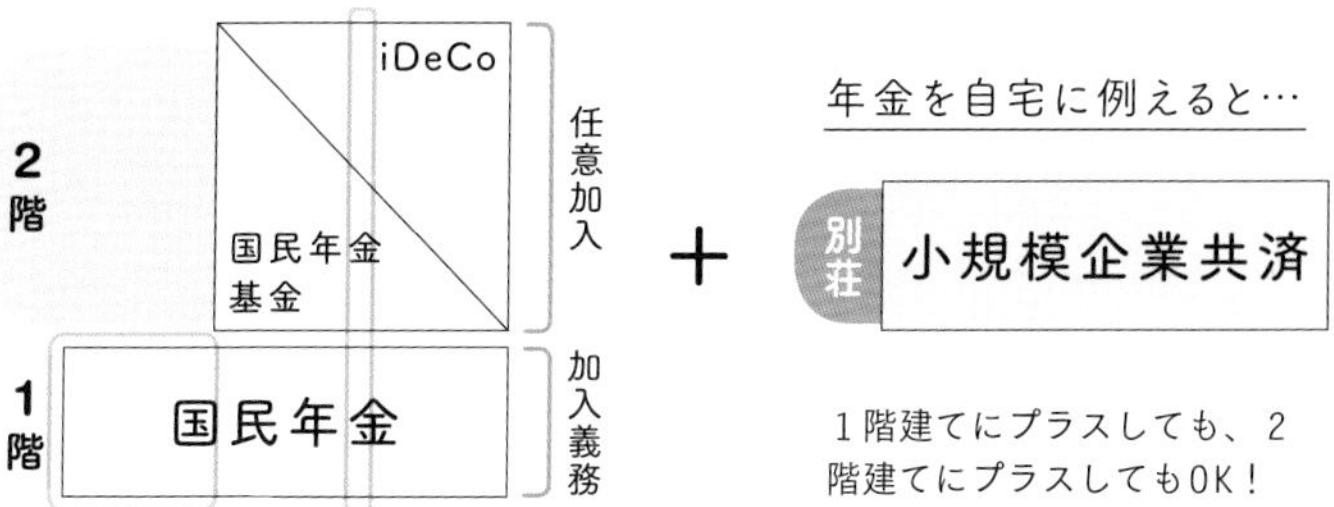


国民年金のみに加入している人は、ここに位置する。

国民年金に加え、iDeCoと国民年金基金どちらにも一定の割合ずつ加入している人は、ここに位置する。

## 個人としての年金＋自営業者としての年金に加入できる

まずポイントとなるのが、iDeCoと国民年金基金です。この2つは合わせて年額81万6000円まで拠出でき、その配分は家庭の方針に応じて決められます。もちろん、iDeCoだけに加入しても、国民年金基金だけに加入しても構いません。こうして年金を2階建てにすることで、老後への備えを強化できるのです。さらに自営業者は、小規模企業共済も利用可能。これは「中小機構」が運営する退職金制度で、iDeCoや国民年金基金への加入の有無にかかわらず加入することができます。建物としては、別荘と考えるとわかりやすいでしょう。一個人として2階部分、一自営業者として別荘部分の年金に加入するイメージです。

# CASE 2-1 第2号被保険者（会社員）

階層のイメージ

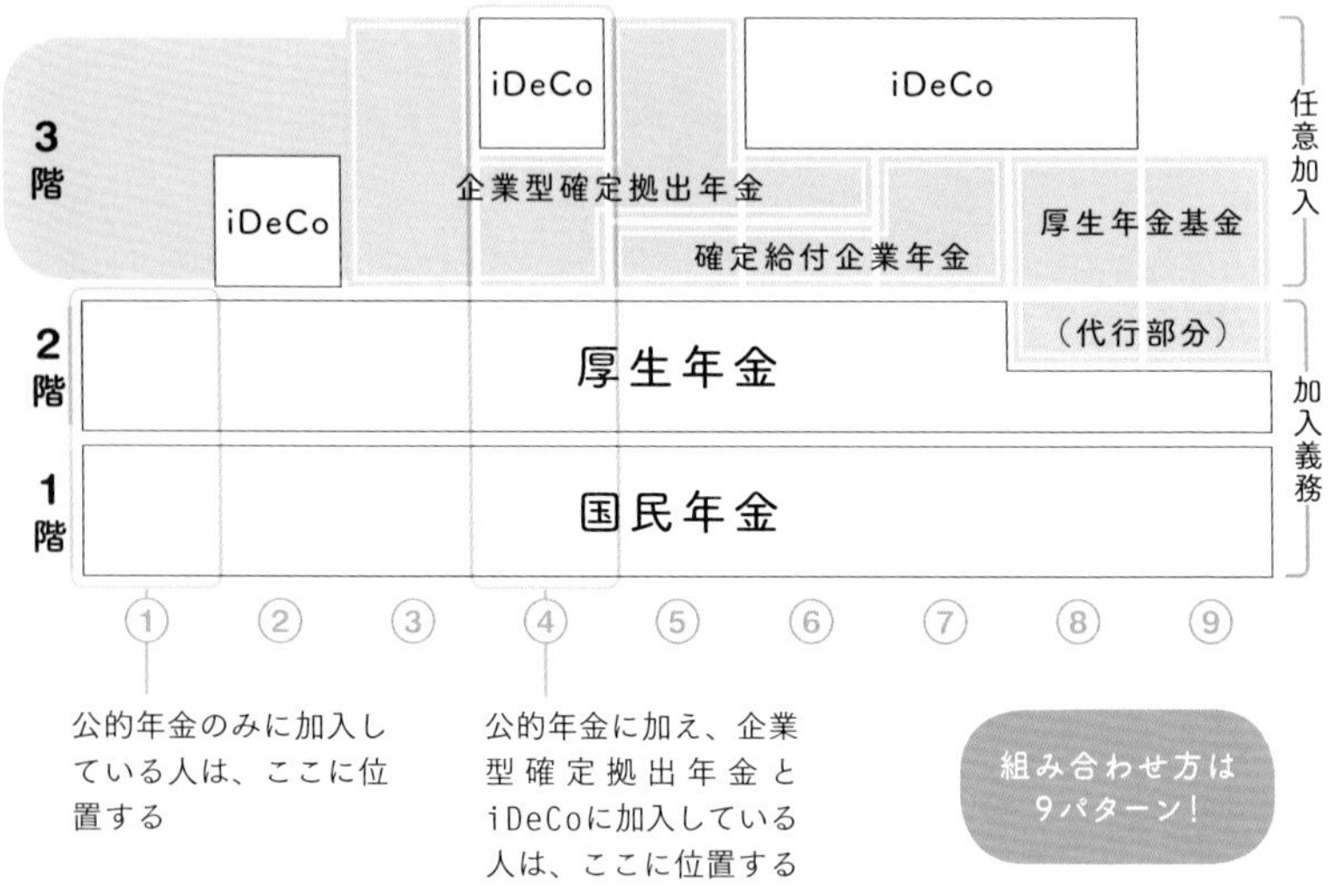


## 加入できる私的年金は勤め先によってさまざま

よく「年金制度は3階建て」といわれますが、それを最も理解しやすいのが第2号被保険者の場合です。1階の国民年金は20～60歳のすべての人に加入義務があり、保険料を払っていれば、老後に一定金額を受け取ることができます。会社員は、勤務先を通じて厚生年金に加入しますが、これにより国民年金の上に厚生年金が乗っている年金に加入することになります。つまり、公的年金として受け取れる年金が2階建てなのです。とはいえ今の時代、それだけでは老後資金が不足すると考えられるため、厚生年金の上にiDeCoなどの私的年金を積み重ね、3階建てにするわけです。加入できる私的年金の種類や金額は、勤め先によって異なります。

## CASE 2-2 第2号被保険者（公務員など）

階層のイメージ

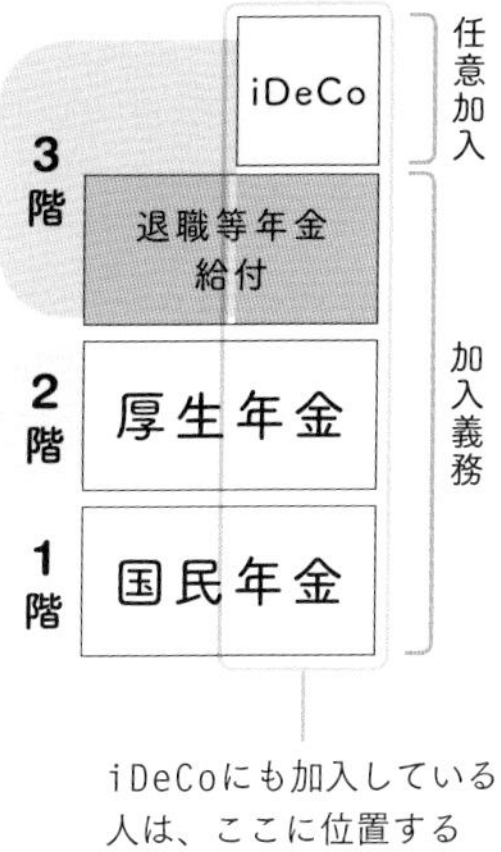


### 共済年金の変更により現在のような制度に

公務員については、３階部分に退職等年金給付という年金が加えられています。これは、公務員にとっての公的年金だった共済年金の制度が、平成27年10月より厚生年金に一元化されたことに伴って導入されました。以前は、現役世代が支払ったお金をそのときの高齢者に支給する方式でしたが、現在は、自分が支払ったお金は将来の自分が受け取れる積み立ての方式がとられています。公務員は、この制度の他にiDeCoへの加入も可能です。

## CASE 3 第3号被保険者（会社員または公務員に扶養されている配偶者）

階層のイメージ

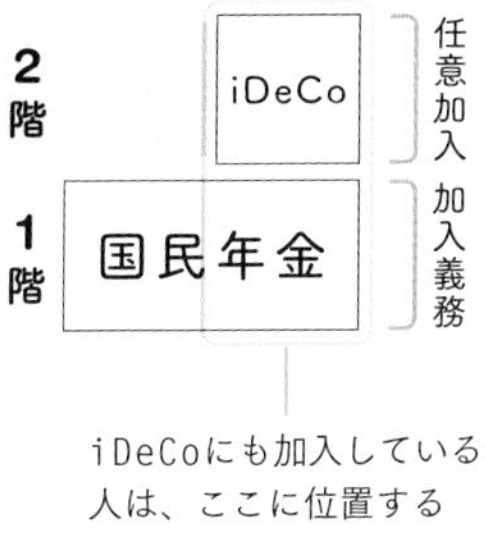


### 保険料を払わなくても年金がもらえる

厚生年金の加入者に扶養されている主婦（主夫）などは、国民年金の保険料の自己負担はありません。ただし、収入が130万円未満であることなどが条件です。第３号被保険者は、65歳以降に国民年金を受け取ることができますが、これだけでは１階建てなので不安。iDeCoに加入して２階建てにすることで、老後に備えるのがいいでしょう。

どのくらいもらえる？

# 年金受給額をラクに計算するテク

老後に、年金をいくらもらえるか知っていますか？
ここでは、公的年金の受給額の目安がわかる計算方法を説明します。

## 老後にもらえる年金額を把握する

**老後の資金計画を立てるためにも、受給額を把握**

公的年金はあてにならないといわれていますが、やはり自分の老後を支える土台になることは確か。これが老後にいくらもらえるのかは、国民年金や厚生年金の加入期間に応じて変わってきます。左ページの2つの式を使って、年間の受給額をざっくり計算してみましょう。公的年金による収入がわかれば、私的年金での準備を検討するなど、老後資金に対する考えを深められるはずです。

# 2つの式で年間の受給額を計算してみよう！

**国民年金**
（老齢基礎年金）の受給額
＝**2万**円×加入年数

※受給するには、10年以上加入していることが条件。加入年数は最大で、20〜60歳の40年間となる。

＋

**厚生年金**
（老齢厚生年金）の受給額
＝**0.55万**円×
平均年収（百万円）×加入年数

※受給するには、1カ月以上加入していて、国民年金の受給資格を満たしていることが条件。加入年数は、会社員である期間となる。

## 会社員の期間が22〜60歳で、平均年収400万円の場合

1年でいくらもらえる？

**国民年金**
（老齢基礎年金）
**2万**円×**40年**＝**80万**円
（20〜60歳）

＋

**厚生年金**
（老齢厚生年金）
**0.55万**円×**4**（百万円）×
**38年**＝**83万6000**円
（22〜60歳）

＝**163万6000**円（1カ月13万6333円）

## 会社員の期間が22〜65歳で、平均年収400万円の場合

1年でいくらもらえる？

**国民年金**
（老齢基礎年金）
**2万**円×**40年**＝**80万**円
（20〜60歳）

＋

**厚生年金**
（老齢厚生年金）
**0.55万**円×**4**（百万円）×
**43年**＝**94万6000**円
（22〜65歳）

＝**174万6000**円（1カ月14万5500円）

これは必見！

# 国民年金で得するテク

**年金の納付や給付には、知っておくと役立つ方法があります。自分に合った方法があれば、ぜひ取り入れてみてください。**

## 1 まとめ払いでお得に

自営業者や学生は、国民年金保険料を1年分や2年分まとめて納めることができます。例えば、2年分の保険料である38万1960円（令和2年度の価格）が銀行口座から引き落とされるように手続きすると、毎月払う場合と比べて1万5840円もお得。約1カ月分の保険料に匹敵する、大きな割引制度です。現金で納付する場合もこの制度は使えますが、割引額はやや小さくなります。

BANK
2年分の保険料を
銀行口座から
引き落としがお得

## 2 早割でお得に

大きなお金が手元から一気になくなってしまうまとめ払いは難しい…という人も多いでしょう。それなら、早割をおすすめします。これは、当月保険料を当月末に引き落とし、つまり、通常より1カ月早く口座から引き落とされるようにすることで、年間600円の保険料が割引される納付方法です。年間600円ではありますが、超低金利の現在、銀行預金で600円の利息をもらうのはなかなか大変。気軽にできる割引制度として、覚えておいてください。

## 3 プラス400円を払ってお得に

自営業者など第1号被保険者には、付加年金という制度があります。通常の保険料に400円を上乗せすれば、その月数に応じて将来の受給額に200円が上乗せされるというものです。この制度を150カ月使ったなら、400円×150カ月＝6万円の付加年金を払ったことになります。そして年金を受け取る年齢になると、200円×150カ月＝3万円が、1年間の受給額に上乗せされることに。つまり、2年で元を取れます。3年目以降も毎年3万円が上乗せされるため、長生きすればするほどお得になる制度です。なお、国民年金基金に加入している人は、付加年金に加入できません。

100
100
100
100
を上乗せが
お得！

## 4 配偶者が年下だとお得に

会社員や公務員が加入する厚生年金にある、加給年金という制度。例えば、夫が65歳で年金受給を開始しようとしているときに妻が60歳なら、妻が65歳になるまでの5年間、夫は加給年金を受給できます。右記の事項をはじめ細かい条件はありますが、対象者に該当すれば、夫婦で歳の差が大きいほど、たくさん加給年金をもらうことができます。

**加給年金の主な条件**

- 厚生年金に20年以上加入している
- 原則、65歳（年金受給開始）時点で、65歳未満の一定の配偶者または子がいる
- 配偶者または子の年収が850万円未満である

## 5 受給を繰り上げ・繰り下げしてお得に

年金をもらうタイミングは最大で5年、前後させることができます。その受給額は、早くもらう（繰り上げ受給する）なら1カ月あたり0.5%減り、遅くもらう（繰り下げ受給する）なら1カ月あたり0.7%増えるようになっています。仮に60歳に繰り上げていた人が66歳で亡くなった場合、本来は1年間しかもらえなかった年金を6年間ももらえたので、得をしたことになります。一方で、90歳、100歳と長生きできる人が受給開始を繰り上げると、減額した年金とつき合っていくことに。他にもさまざまな制約や影響を受けることになるため、繰り上げ受給をするなら、年金事務所へ相談に行くなどして事前にしっかり確認してください。

※繰り下げ受給に関しては、2022年4月より、75歳まで繰り下げることができるようになります。

例えば…

65歳から受給する
老齢基礎年金・老齢厚生年金が
150万円（年額）の場合

**繰り上げ受給**

1カ月繰り上げると

**150万**円×**0.5**%＝

**7500**円 減額

5年繰り上げて、60歳から受給すると

**150万**円×**0.5**%×**60**カ月＝

**45万**円 減額

**繰り下げ受給**

1カ月繰り下げると

**150万**円×**0.7**%＝

**1万500**円 増額

5年繰り下げて、70歳から受給すると

**150万**円×**0.7**%×**60**カ月＝

**63万**円 増額

楽しいことばかりではないかも

# 認知症やがんに備える

悠々自適な老後を楽しみにするのもいいですが、リスクにも向き合っておきましょう。お金のことで困らないようにしたいですね。

## もしものためにも貯蓄

厚生労働省によると、2000年に218万人だった要介護（要支援）者数は、15年で600万人を突破。介護なども想定して、お金はできるだけ貯めておきたいものです。

CASE 1

## 認知症になった場合に財産をどうするか決めておきたい

### 任意後見を利用する

判断能力があるうちに本人の意思で後見人を定め、具体的にどのような支援をしてもらいたいかといった内容を決めて、契約を結ぶものです。後見人は、親族をはじめ本人が最も信頼できる人を希望できます。後見人の役割はお金を「本人のために管理する」ことで、本人が生活を維持するのに必要なお金の管理などを行います。あえてお金が減ってしまうようなこと、例えば定期預金を本人のためを思って株式投資に使う、本人の子どものためにと資金を贈与する、といったことはできません。

### 家族信託を利用する

本人が親族に、財産の管理などを委託するものです。一定の目的に従い、誰か（委託者）の財産を、信頼できる人（受託者）が、誰か（受益者）のために管理・運用します。例えば、家賃収入のあるアパートを保有しているAさん（委託者）が、Aさんの長男（受託者）に委託し、アパートの管理や補修工事などの対応をしてもらう契約ができます。そして、賃料はこれまで通りAさんが受け取る（受益者）ということも可能です。後見制度では難しい、一部の財産のみの管理や売却などを任せられる制度です。

上記以外の選択肢の一つ、生前贈与について詳しく ≫P62

CASE 2

# 2人に1人はがんになるなら、がん保険に加入したい

## がん保険にかけるお金を貯蓄に回すほうがいいと考えることもできる

下記の通り、生涯で男性は60％以上、女性は約50％の確率でがんに罹患していますが、70歳までの罹患率はそれほど高くありません。さまざまな健康上の問題に直面することが多くなる70歳以降に、がんの罹患率も高まるということであり、がんだけが突出してリスクの高い病気ではないのです。これを認識することで、お金との向き合い方も変わってきそうです。もちろん、がん保険への加入も間違いではありませんが、過剰に不安がって加入しているなら、少し冷静になってみてください。保険料を払うより貯蓄して、がん罹患のリスクが高まる70歳以降を視野に資産形成する、という見方もできます。

### 現在年齢別がん罹患リスク

| | 現在の年齢 | 10年後 | 20年後 | 30年後 | 40年後 | 50年後 | 60年後 | 70年後 | 80年後 | 生涯 |
|---|---|---|---|---|---|---|---|---|---|---|
| 男 | 0歳 | 0.2％ | 0.3％ | 0.6％ | 1.2％ | 2.7％ | 7.8％ | 21.9％ | 43.6％ | 65.5％ |
| 男 | 40歳 | 1.6％ | 6.9％ | 21.3％ | 43.6％ | | | | | 66.0％ |
| 女 | 0歳 | 0.1％ | 0.3％ | 0.7％ | 2.3％ | 6.3％ | 12.4％ | 21.2％ | 32.8％ | 50.2％ |
| 女 | 40歳 | 4.1％ | 10.4％ | 19.5％ | 31.5％ | | | | | 49.4％ |

出典：国立がん研究センター「最新がん統計」（2020年更新）（一部抜粋）

MEMO

### 生涯の医療費の大半は亡くなる直前に払う

あくまで平均ですが、年齢を重ねるほどに医療費は高くなります。私たちは何らかの健康保険制度に加入しているので、年齢などの条件により３割～１割の医療費を負担します。それを踏まえて見てみると、40代前半の負担額は４万4100円で、それほど高くありません。それが80代前半にもなると、負担額が１割でも９万3000円が必要です。そのため、生涯の医療費の大半を亡くなる直前に払うことになるといわれています。現役時代は、医療保険をそれほど手厚くせず、老後に備えて貯蓄を優先する考え方が賢明のようです。

### 年齢階級別１人あたりの年間医療費

| 年齢階級 | 年間医療費 |
|---|---|
| 30歳 ～ 34歳 | 11.6万円 |
| 40歳 ～ 44歳 | 14.7万円 |
| 50歳 ～ 54歳 | 22.9万円 |
| 60歳 ～ 64歳 | 36.7万円 |
| 70歳 ～ 74歳 | 61.6万円 |
| 80歳 ～ 84歳 | 93.0万円 |

出典：厚生労働省「医療保険に関する基礎資料」（令和元年12月）（一部抜粋）

知っておきたい

# 生前贈与と相続の基本

老後は、自分の財産をどうするのか考える必要も出てきます。
それに関わる制度について、税金のかかり方などを押さえましょう。

## 税金の面から両者の違いを知る

**生前贈与**
＝
生きているうちに
財産を渡す

かかる税金

**贈与税**

**相続**
＝
亡くなった後に
財産が引き継がれる

かかる税金

**相続税**

### 生前に財産を渡すことで相続税を軽くする

亡くなった人から財産を相続すると「相続税」が課されます。これは累進課税なので、財産が多いほど税率も高くなります。特に、２０１５年の税制改革で基礎控除額が引き下げられ、相続額によっては増税になる場合も…。そこで関心が高まっているのが、生前贈与です。生きている間に財産を渡し、相続する財産を減らして節税しようとするものです。生前贈与には、「贈与税」がかかります。

## 基礎控除（税金がかからない範囲）の違い

| | 贈与税 | 相続税 |
|---|---|---|
| 基礎控除 | 年間**110万**円 | **3000万**円＋**600万**円×法定相続人の数 |
| 申告期限 | 贈与があった翌年の**2月1日～3月15日** | 相続が発生した翌日から**10ヵ月**以内 |
| 配偶者控除 | ● 住宅および住宅取得資金2000万円まで<br>● 婚姻期間20年以上 | ● 課税価格１億6000万円、または法定相続分まで<br>● 婚姻期間は問われない |

相続税も贈与税も、受け取る財産の全額に対してかかるわけではありません。「基礎控除」の分が差し引かれ、財産を受け取るのが配偶者なら「配偶者控除」を除いたうえで、課税されます。それぞれ期限内に申告しましょう。

### 贈与税

１年間に
**110万円**までなら、
**非課税**で財産を渡せる

### 相続税

法定相続人が3人の場合、
**3000万**円＋
**600万**円×**3人**＝
**4800万**円
までの財産は、
**非課税**で引き継げる

**MEMO**

**財産が相続税の基礎控除額未満なら**

相続財産から基礎控除額を差し引いてマイナスになるなら、相続税はかかりません。従って、確定申告や納税の義務もありません。ただし、被相続人が亡くなった日からさかのぼって３年以内に贈与を受けていた場合は相続税の対象になるので、確認が必要です。

教えてFP！

## 相続税よりも課税されやすいと聞く贈与税を減らす方法はある？

### 非課税枠や特例を上手に利用しましょう

贈与税に関する制度には、年間110万円の非課税枠の他にもさまざまな特例があります。子や孫へ、住宅取得資金、教育資金、結婚・子育て資金を贈る場合、また、配偶者へ自宅を贈る場合などです。大きな節税になるので、これらを活用しましょう。

## 1 住宅取得等資金の贈与

自宅を新築、購入したり、増改築するときの資金が一定程度、非課税となるものです。また、この特例では相続開始前の３年以内に贈与された場合でも、相続税の対象となってしまうことはありません。

直系尊属からの住宅取得資金非課税枠

| 住宅の新築などの契約締結日 | 一定の省エネ基準や耐震性を備えた良質な住宅用家屋 | 一般住宅用家屋 |
|---|---|---|
| ～2020年3月 | 3000万円 | 2500万円 |
| 2020年4月～2021年3月 | 1500万円 | 1000万円 |
| 2021年4月～12月 | 1200万円 | 700万円 |

※2021年４月以降も、３月までの非課税枠が維持される予定です（2021年度税制改正）。

## 2 教育資金の一括贈与

子や孫の学校にかかる教育資金として、合計1500万円までが非課税に。何度かに分けて贈与するのも可能です。ただし、相続発生前３年以内の贈与は相続税の対象です。また、30歳までに使わなかった余剰分には贈与税がかかるので、計画的に贈与しましょう。

## 3 結婚・子育て資金の一括贈与

結婚や子育てのための資金として財産が贈与される場合は、1000万円まで非課税となります。このうち、結婚費用として認められるのは300万円までです。資金の使用期限は50歳までとなっており、使い切れない分には贈与税がかかります。

## 4 おしどり贈与

配偶者の居住用の不動産を贈与した場合、2000万円までが控除されます（基礎控除と合わせて最大2110万円まで非課税で贈与が可能）。婚姻期間が20年以上であること、贈与後もその住居に引き続き住むことなどが条件です。同じ配偶者から贈与を受ける場合、この制度を一生に１度だけ利用できます。

**MEMO**

**おしどり贈与後もお得に**

自宅を売る場合、譲渡所得から3000万円までの控除が利用でき、所有者が夫婦２人ならそれぞれに適用されます。おしどり贈与をして夫婦の共有名義になった自宅を将来売却すると、3000万円×２人分の大きな節税に。前年または前々年にマイホームの買い換えや交換の特例を利用していないことが条件です。

## 5 相続時精算課税

子や孫に対して相続財産を前渡しするもので、概要は下記の通りです。2500万円までが非課税となりますが、被相続人が亡くなった後に相続が発生した段階で、課税されます。不動産などの財産を若い人に譲ることで、その活用を促すための制度です。この制度を一度使うと、年110万円の基礎控除は使えなくなるため、注意しましょう。

| | |
|---|---|
| 対象者 | 贈与した年の１月１日時点の年齢が、贈与者は60歳以上、受贈者は20歳以上の子や孫（推定相続人）。 |
| 適用対象財産 | 贈与財産、金額、回数、いずれも制限なし。一度適用すると、暦年課税には戻れない。 |
| 贈与税額 | 2500万円までは、非課税で贈与。2500万円を超える部分に、20％の課税。 |
| 適用条件 | 贈与を受けた年の翌年２月１日～３月15日に確定申告すること。 |
| 精算 | 贈与者の相続開始時に、精算課税分の資産を贈与時点の価格で遺産に繰り戻し、相続税を計算する。 |

考えてみよう

# 理想的な毎月の積立額

人生の三大支出を踏まえたうえで、ライフイベントで出ていくお金とそのために貯めていくお金を見てみましょう。

Bさん（25歳）

## 将来のために貯蓄

月給25万円、１年間の賞与60万円の会社員、Ｂさん。現時点での貯蓄は100万円です。直近のライフイベントとしては、30歳で結婚することを目標にしています。まずは、そのための資金を貯めていこうとしているところです。

25　30　33

出ていくお金

貯めていくお金

**25歳～29歳**

１年で
**2万**円×**12**カ月
＋賞与**30万**円
５年で **270万**円

毎月、手取りの１～２割は貯蓄を。賞与は会社の業績次第なので、賞与に頼りすぎず、できるだけ毎月の貯蓄を続けたいところです。もちろん、賞与が出れば大半は貯蓄しましょう。

**結婚**

挙式や新婚旅行などでＢさんが負担するのは
**150万**円

**30歳～32歳**

１年で
**10万**円×**12**カ月
＋賞与**50万**円
３年で **510万**円

Ｂさんの年収が450万円、妻の年収が350万円と仮定した場合の貯蓄額の目安です。夫婦ともにフルタイムで働ける間が、最も貯蓄できる時期。

**33歳～**

**子どもが誕生**

出産費用は、ほとんどを出産一時金でまかなえます。

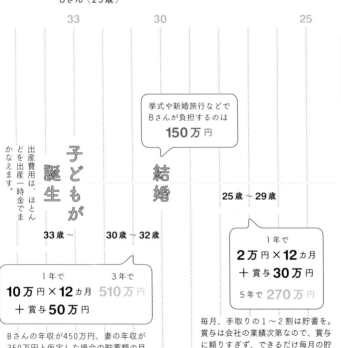

## 結婚や住宅購入など目標に向けて貯蓄を

下記はあくまで一例ですが、ライフイベントをこうして一連の流れで見ていくと、自分がこの先どんなペースで貯蓄していけそうか、貯めたお金をいつ何に使うのか、イメージしやすくなるのではないでしょうか。

貯蓄は、毎月コツコツ積み立てていくことが基本になります。そのために必要な考え方、知っておきたいお得な制度などを、PART2以降で紹介していきます。

35　40　45　50　55　60　65

### 住宅を購入

住宅ローンの頭金として
600万円

ローンは頭金なしでも組めるとはいえ、200万円は準備しておきたいもの。理想的なのは、購入価格の2割程度の頭金を貯めておくことです。

1年で
5万円×12カ月
＋賞与60万円

妻の収入減、子どもの支出増で、毎月の貯蓄額はダウン。とはいえBさんの年齢的に給与・賞与が増えていく頃なので、教育・老後資金を意識し貯蓄を。

### 子どもが大学生

51歳～54歳

ある程度、学費以外の援助も見据えると
1年間に100万円
4年間で400万円

### 子どもが独立

55歳～

子どもが独立すると、自分たち夫婦の老後資金を貯蓄していくことになります。

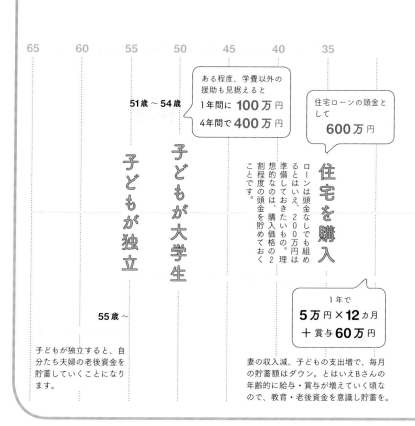

COLUMN

# 結婚にかかるお金のこと①

**結納や式に必要な額は、２人の希望や地元の風習などによって違うもの。ここで紹介するデータは一つの目安として考えてください。**

## 婚約にかかる費用

結婚の最初の一歩といえるのがプロポーズで、婚約指輪を用意することが一般的です。その値段は「給料の３カ月分」といわれることもありますが、下記の結果を見ると、実際は多くの人がそこまで高額なものは用意していないようです。また、結納も大事なこと。下記の費用は、会場代や食事代などを含めたものなので、自宅で行えば予算を抑えることが可能です。

婚約指輪 » **35.7万**円
（全国推計値）

結納式 » **22.7万**円
（全国推計値）

## 結婚式・披露宴にかかる費用

式当日は、忘れられない素敵な日になるといいですね。ところが近年、式の請求額と見積額が大きく異なるなどのトラブルが多いようです。何にいくらかかるのか、妥協できる・できない点はどこか、入念に打ち合わせをしておいてください。なお、大幅な費用減を狙うなら、式・披露宴の費用において大きな割合を占める、料理・飲み物代のプランを再検討するのも一つです。

挙式、披露宴・ウェディングパーティーの総額 » **362.3万**円
（全国推計値）

## 新婚旅行にかかる費用

結婚式を終えると新婚旅行へ出発するというカップルもいるでしょう。さまざまな格安プランを利用すれば、旅費は20万～30万円でも十分に楽しむことができると思います。なお、職場などへのお土産代もそれなりに必要となるものなので、その予算も組んでおいてください。

新婚旅行 » **65.1万**円
（全国推計値）

（ゼクシィ　結婚トレンド調査2020調べ）

PART 2

# 日々使うお金を管理する

将来のことを考えると大きなお金が必要ですが、それだけの額を貯めるにも、まずは日々使っているお金に目を向け、家計を把握しましょう。これが貯蓄への第一歩です。

# Q カードを持つなら、どっちがいい？

# A

## クレジットカード

**お金の管理をきちんとできるか、がポイント**

キャッシュレス化が進んでいるので、10代のうちからデビットカードを中心に使い慣れていき、クレジットカードについても知っておくことが大切だと考えられます。

上記のどちらがいいのかというと、非常に判定しづらいですが、デビットカードがやや有利でしょう。銀行口座の残高の範囲内でしか利用できず、利用するとすぐに残高が減ることから、お金の管理がしやすいとい

# B

## デビットカード

即時引き落としで
出費の把握が簡単
DEBIT CARD

うメリットがあります。

一方でクレジットカードは、利用限度額にもよりますが、銀行の口座残高以上の買い物も可能で、1～2カ月先の引き落とし日まで口座残高は変わりません。そのため計画的に使わなければ、決済ができず大変なことになってしまう事態も考えられます。

大きな買い物におけるお金の使い方に慣れるまでは、まずデビットカードを使い、次なるステップとしてクレジットカードを保有する、というのがいいでしょう。

クレジットカードは、ポイントとかマイルが貯まるからお得なイメージがあって、頻繁に使ってる。

私もついつい使うから、請求額にびっくりすることがよくあります。デビットカードは使ったことないです。

上手にお金を貯めるという点に限っていえば、圧倒的にデビットカードがおすすめです。今ある残高を意識した買い物ができるようになりますし、がんばって貯めたお金で買い物をするという喜びもあるでしょうね。出費は明細で確認できるので、お金の管理がしやすくなります。

それなら、10代でも安心して持てますね。

学生向けクレジットカードもありますが、多くの場合で未成年はその契約ができません。デビットカードは子どもでも作れることもあり、最初の1枚におすすめです。

逆に、クレジットカードを使うほうがお得な場合ってありますか？

例えば交通費など、本当に必要なものへの支払いだけに使うならいいと思います。ポイントやマイルが貯まるのはもちろん、引き落としまでの数カ月間、無利子でお金を借りているのと同じなのでお得といえるでしょう（リボ払い、３回以上の分割払いを除く）。低金利の時代だと説得力は弱いですが、お金が手元にあるうちに運用して利息を得ることも可能ですね。

現金を持たない時代へ

# キャッシュレスに便利なカードはお金の管理にも役立つ

**キャッシュレスにはさまざまな種類がありますが、まずはデビットカードとクレジットカードの特徴を押さえ、上手に使いましょう。**

## キャッシュレスとは

現金のやりとりをすることなく買い物ができる支払い方法のこと。デビットカード、クレジットカードの他に、電子マネーやコード決済も（» P76、77）。

### クレジットカード

会計時はカード会社によって支払額が立て替えられ、一定期間後に口座引き落としなどで決済されます。上手に使うことで、ポイントを貯めたり、さまざまな特典が受けられたりします。

### デビットカード

会計時、代金が自分の銀行口座から即時引き落とされます。家計簿アプリなどと連動していたり、利用額の通知がメールで届いたりと、支出を把握するうえで便利なサービスも利用可能。

## お金の管理を学ぶ

現金が知らず知らずなくなっていくというお金の使い方をしている人は、デビットカードを上手に使うことで正しい収支管理を身につけられるかもしれません。もちろん、クレジットカードでも収支管理はできますが、その場合は一段と自分を律して厳しく管理する必要があることを覚えておきましょう。こうしたカードは単なる決済の手段だけではなく、あなた自身のお金の管理の仕方、上手なお金のつき合い方につながるツールである、ということを意識しながら向き合ってくださいね。

# 初心者のための キャッシュレス講座

**キャッシュレスの種類は、実にさまざま。ここでは、カードを利用するタイプを中心に、スマホでの決済についても紹介していきます。**

キャッシュレスの種類と特徴

| 決済のタイミング | 前払い | 即時払い | 後払い |
|---|---|---|---|
| 種類 | プリペイドカード（電子マネー）<br>※使い切りタイプは除く | デビットカード | クレジットカード |
| 特徴 | 事前にチャージが必要 | 口座残高分しか使えない | 借入額に限度がある |
| 代表例 | Suica、PASMO、nanaco、楽天Edy | 三菱UFJデビット、SMBCデビット、楽天銀行デビット | VISA、Mastercard、JCB |

## それぞれの特徴を知って有意義に活用しよう

カードを用いるタイプのキャッシュレスは、主なものだとクレジットカード、デビットカード、プリペイドカード（電子マネー）の3つ。それぞれ、決済のタイミングや使える商品・サービス範囲などに特徴があります。さらに、モバイル版も登場し、支払いがスマホで完結できるものが多くあります。また、ここ数年で利用者が増加中の、スマホでのコード決済についても押さえておきましょう。

＼幅広いシーンで使える／

# クレジットカード

## 後払いで買い物ができる。公共料金や税金の支払いも可能

最大の特徴は、後払いで買い物ができること。そして、カード会社にもよりますが、使える店舗やサービスの幅広さが大きなメリットで、公共料金や税金の支払いも可能です。また、おすすめはしませんが、キャッシング機能も利用できます。

**利用シーン**

- スーパーやコンビニでの買い物
- オンラインショッピング
- 税金や公共料金の支払い
- 電子マネーへのチャージ
- 海外旅行先での買い物
- キャッシング

### 主なメリット

#### ● 家計管理ができる

日々の買い物など、出費する際の支払い方法をクレジットカードに一本化すると、月ごとの出費が明細で一覧でき、家計管理がラクになる。

#### ● ポイントやマイルが貯まる

使用に応じてポイントがもらえて、貯まったら景品や商品券に交換可能。カードによっては、ポイントではなくマイルが貯まる設定にできる。

#### ● ATM手数料の節約になる

現金払いだと、急な出費の際にはATMで下ろす必要があり、時間帯など条件次第で手数料がかかることも。クレジットカード払いなら、その必要はなし。

### 主なデメリット

#### ● 使いすぎてしまいやすい

手軽に使えるため、自分の収入と見合っていない額の買い物をしてしまう危険がある。月々の支払い額をきちんと管理することが大切。

#### ● 分割やリボ払いに注意が必要

購入額が大きい場合など、月々の出費を一定にできる分割やリボ払いは便利だが、分割回数が多くなると手数料も高くなることを念頭において。

#### ● 個人情報が漏れやすい

ネット通販詐欺や盗難に遭うなどしてカード情報が漏れる危険性があり、不正利用される事態にも…。

＼使いすぎ防止に便利／

# デビットカード

## 即時払いだから お金の管理がしやすい

銀行口座に入っている金額分しか使えない仕組みなので、即時払いという点では現金で支払っているのと同じ。財布の中にあるお金と同じ感覚で管理できます。クレジットカードと違い、基本的には審査なしで作れます。主な利用シーンは、幅広い店舗での買い物や外食、ネットショッピングなど。カード会社によっては、高速道路料金や公共料金などには使えないので、確認を。

### 主なメリット

- 支払い能力以上の金額を使ってしまうのを防げる
- 海外ATMで現地通貨を引き出せるので両替の手間がない

### 主なデメリット

- 分割払いやリボ払いに非対応
- カード会社によって、使える時間帯や支払いができる内容などの条件が異なる

＼タッチで支払い完了／

# プリペイドカード（電子マネー）

## 使いたい額を事前に チャージして利用する

お金を事前にチャージすることでスムーズに買い物ができます。チャージは、現金を用いる他、クレジットカードや銀行口座と連携させてネット上で行うこともできるうえ、残高が設定金額を下回ると自動でチャージされるオートチャージ機能を使えるものも。利用シーンは、買い物、アミューズメント施設での支払いの他、SuicaやPASMOは電車やバスなどの運賃の支払いにも。

### 主なメリット

- 店員と客の接触を避けられる
- 決済がスピーディー
- 利用履歴の一覧を確認でき、お金の管理がラクにできる

### 主なデメリット

- 種類が多いため、自分に合うものがわかりにくい
- 支払いが簡単にできるあまり、使いすぎを招きやすい

＼知っておきたい！／

# コード決済

**カードではなく、スマホアプリを利用した支払い方法も要チェック**

## スマホ画面の提示やコードの読み取りで簡単に支払いできる

スマホ画面で、バーコードやQRコードを提示したり読み取ったりするだけ。国内でも急速に普及してきていて、買い物、外食、娯楽施設など、サービス範囲も拡大中です。最終的な支払いは、電子マネー、クレジットカード、デビットカードなどから行われます。

### 主なメリット

- スマホさえあれば支払い可能
- 個人間でお金をやりとりするのにも使える

### 主なデメリット

- スマホが電池切れや故障した場合に使えなくなる
- 伝票が紙で発行されない場合もある

コード決済の種類と特徴

| | LINE Pay | PayPay | 楽天ペイ |
|---|---|---|---|
| ポイント還元率 | 単独では0％。VISA LINE Payクレジットカードによる支払いの場合、0.5〜3％ | チャージ分からの支払い、Yahoo! JAPANカードによる支払いの場合、0.5〜1.5％ | 決済方法によるが、基本は1％。楽天カードからのチャージの場合のみ1.5％ |
| 決済方法 | クレジットカード払い、チャージ分からの支払い | クレジットカード払い、チャージ分からの支払い | クレジットカード払い、チャージ分からの支払い、ポイントの利用 |
| その他 | 支払い回数によって４段階にランク分けされ、還元率が変動 | １カ月の支払い回数によって翌月の還元率が変動 | — |

# Qクレカを持つなら、どっちがいい？

## A

### 1枚だけ持つ

**2～3枚持って**
**用途ごとに使い分けを**

お金を一元管理することや、ポイントを効率的に貯めることを考えれば、クレジットカードは1枚に絞るほうが簡単に思えます。とはいっても、カード会社によって特徴や使えるサービス、ポイントなどのメリットが異なるため、複数枚持って、足りない点を相互に補うのが、賢い使い方といえそうです。ただし、枚数が多すぎると、自分で管理できなくなる恐れがあります。そこで、2～3枚持っ

# B

## 複数枚持つ

目的によって
使い分けて
いいとこ取り
ズラーッ

て、例えば日々の消費、遊びのお金、などと使い分けると、お金の管理もしやすくなるでしょう。また、すべてのカードを財布に入れて持ち歩くのではなく、1枚は定期入れにしまっておくなどすると、一方を家に置いてきてしまった場合に備えられて安心です。

ある調査結果では、日本人1人あたりの保有カード枚数の平均は2・7枚とのこと。一般的にも、2～3枚が使いやすい枚数であることがわかります。

デパートで「クレジットカード発行で5000円OFF」とかあると、すぐ作っちゃう…。

うんうん。私も使ってないカードがあるかも。でも先生、それで損することなんてないですよね？

まず年会費は確認しましょう。初年度だけ無料、月に1回でも利用すれば無料、といった条件のあるカードが多いものです。使わないカードを持ち続けているなら、知らない間に年会費を払い続けているかもしれませんよ。

うわっ、すぐにチェックしなくては！

それから、初期設定にも要注意。キャッシングの利用枠が高いと、その分、お金を借りることができるため、住宅ローンの審査を受ける際に足かせになることもあります。また、支払い方法がリボ払いになっていてそのまま使っていると、返済がなかなか進みません。こうした不要な設定は外しましょう。

カードをたくさん持つと、そういう管理は大変そう…。

生活スタイルに合うカードを2～3枚持つのがおすすめです。例えば車の燃料代には、ガソリンスタンドのカードを使うのがお得。こうした視点で厳選しましょう。いずれにしても、クレジットカードは自分の信用に関わるので、最低限の知識は身につけたいものです。難しそうな約款も、おもしろネタを探す感覚で読んでみると、そうなんだ！という発見があって楽しいと思いますよ。

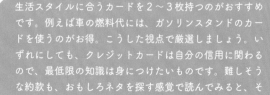

損してるかも？

# クレジットカードの作りすぎがNGな理由

**すすめられるがままにクレジットカードを作っていると、管理が大変なことに。どんなデメリットがあるのか、知っておきましょう。**

## 年会費の支払い、キャッシング枠の制限、ポイントの有効期限切れなども

例えば、カードごとに締め日や引き落とし日がまちまちだと、いつ頃いくらの支払い請求が来るのか、把握しきれなくなります。また、貯めていたポイントを使おうと思ったら有効期限が過ぎていた、なんてこともありえます。そもそも、カードが多すぎると、それ自体を保管しておくだけでも大変です。この他にも、次のようなデメリットがあります。

### デメリット 1
#### 維持費がかかる

年会費が必要なカードは、使わなくても持っているだけでお金がかかってしまいます。また、初年度は年会費が無料でも、翌年からは有料というものもあり、知らず知らずのうちに費用がかさむことが…。

### デメリット 2
#### 暗証番号の管理が難しい

それぞれのカードで異なる暗証番号を設定していると、どの番号がどのカードのものか、わからなくなる恐れが。とはいえ、すべてのカードに同じ暗唱番号を設定するのも、セキュリティー上危険が伴います。

### デメリット 3
#### 紛失・盗難のリスクが高まる

カードの保有枚数が増えるほど、紛失などのリスクが高くなります。また、複数枚を紛失した場合、各カード会社に連絡する手間も生じることに。こうしたことから、より慎重に管理する必要があります。

MEMO

**クレジットカードの入会特典には要注意！**

気をつけたいのは、そのクレジットカードを利用することで特典が得られる、というタイプ。結局カードを使わなかったためメリットが得られず、それどころか年会費がかさむだけ、ということもありえます。特典は、キャッシュバックや割引など、メリットがすぐに得られるものがよいと思います。

# クレジットカードの支払いがピンチ！なときの対応

**借入金が払えない…という万が一の事態に備えて、さまざまな対処法を知っておきましょう。**

## 1 事前連絡で支払い方法を変更

引き落とし日に残高が不足することがあらかじめわかっているなら、カード会社に連絡してみましょう。例えば、一括払いを分割にする、ボーナス払いに変更する、といった方法があります。支払いが滞ると、自分の信用に傷がつき、将来に差し支えることにもなりかねません。恥ずかしい、後ろめたい、という気持ちもあると思いますが、まずは早めに手を打っておきましょう。連絡先の電話番号は、カードの裏面に記載されているはずです。

## 2 他の銀行の預金口座を確認

銀行の口座を複数持っていると、どれかを長い間放置している人は多いもの。10年以上取引のない「休眠口座」の預金は、年間1200億円も発生しています。そうした銀行口座がある場合、その預金をかき集めれば、なんとか支払いできるかもしれません。ただし、手続きに時間がかかることもあるため、余裕を持って確認を。

## 3 生命保険の契約者貸付制度を利用

貯蓄タイプの生命保険に加入していれば、保険会社からの貸し付けを受けることができます。「契約者貸付制度」といって、保険を解約せずに、解約返戻金の一定割合まで、お金を貸してもらえる制度です。一度、保険契約を見直してみましょう。

## ❹ 消費者金融などからの借り入れを利用

消費者金融も、使えなくはない手段。初めて利用する人を対象に、30日間または60日間の無利子サービスを行っているところもあります。ただし、いったん利用すれば顧客として登録されます。一度の利用で終わらない可能性が高いため、なるべく避けたいものです。

## ❺ 勤務先からの借り入れを利用

会社によっては福利厚生の一つとして、低利で貸し付けを行っているところもあります。勤め先の制度を確認してみましょう。会社に知られてしまいますが、それは消費者金融を利用しても同じこと。会社に確認の連絡が入るため、知られる可能性はあります。

## ❻ 銀行のフリーローンを利用

一般的に消費者金融よりも金利が低く、銀行という安心感、利用のしやすさが魅力です。ただし、審査に数日を要するため、消費者金融のように即日で借りられるわけではありません。カードの引き落とし日まで余裕があるときに利用するといいでしょう。

## ❼ 緊急小口資金の融資を利用

地方自治体の社会福祉協議会では、10万円までの緊急小口資金の、無利子での貸し付けを行っています。ただし、あくまで生計維持のための救済策。低所得世帯であることや、緊急的かつ一時的な生計維持のためなど、条件があります。

## ❽ オークションなどを利用

ネットオークションで不用品を売却して、資金を作るのも一つの手。また、ホームページ制作やWebデザインなどの特技があれば、クラウドサービスに登録してお金を稼げるかもしれません。ただし、必要な額が得られるとは限らず、入金される時期も不確実です。

こうした救済策はありますが、
そもそもお金がないという事態
に陥らない体制作りが大切です

# Q 貯蓄方法、どっちを実践している？

## A

## 余った分を貯蓄する

BANK
あれ？
あまり
貯まら
ない…
思ったよりも
お金が余らず
貯められない

### 確実に貯められる「強制貯蓄」を

Aの場合、どうしても油断して散財しがちで、貯蓄額はなかなか増えていきません。その月の収入から貯蓄できる金額を見積もり、それも支出と捉えてあらかじめ差し引いたうえ、日々のやりくりをしましょう。このBの方法を、筆者は「強制貯蓄」と呼んでいます。これでもし余りが出たなら、その分も貯蓄へ回すことで、貯蓄額が増えていきます。そうなるとうれしくて、また来月もがんばろ

# B

## 最初に決めた額を貯蓄する

う！という気持ちにもなるものです。

　貯蓄分は、日頃使うお金や預金通帳とは別に管理しましょう。定期預金にする、給与天引きで会社の財形制度を活用するなど、簡単に始められる方法はいくつもあります。

　「強制貯蓄」で肝心なのが、額の見積もり。あまりに厳しい数字だと続きませんし、簡単に達成できてもいけません。適切な額を把握し、定期的に見直す必要があります。そのためにも、家計管理が重要です。

強制貯蓄、やってる！　余ったら貯蓄、なんてやっていたら、いつまで経っても貯まらないもんね。

そうですよね。でも、自分に見合った額を貯蓄できているかと聞かれると、自信がないかも。

貯蓄をするにも、家計を管理する必要があるというわけです。それに、１カ月分でも収支を把握できれば、思わぬ無駄遣いに気付けるかもしれません。

なるほど。無駄遣いの分だけ貯蓄額を増やしても、生活に支障はないですもんね。

そうやって、自分にとって適切な貯蓄額を決めましょう。ちなみに、高収入でも貯蓄がないという人は意外と多いんです。人づき合いや見栄から、身の丈に合わない出費が多くなってしまうのが、主な要因として挙げられています。周りに流されず、自分の価値観を大事にしたいものです。

お金の管理の根底にあることですね！

それから、強制貯蓄においては、半年に１回程度、貯蓄額の見直しも必要です。そのときどきの家計状況に見合った、無理のない貯蓄に取り組んでいきましょう。また、毎回の貯蓄の際には、何割は老後まで手をつけない、何割は数年先に使う予定、というように振り分けて、それぞれ簡単には引き出せない口座に預ける設定をしておくと、なおよしです。

原因はどこにある？

# 貯蓄ができない人の特徴

**お金が貯まらないのには、ちゃんと理由があります。**
**それが何なのかを、あらかじめ理解しておくことが大切です。**

## CASE 1 そもそも貯蓄する余裕がない

原因

### 収入が少ない、必要に迫られた出費がある

支出に無駄はないのに生活がギリギリ、というケースはよくあります。また、予期せぬ病気や失業をした、子どもが複数いて教育費が重なったなど、貯蓄がどうしても難しいときはあります。その場合は「なんとかやりくりできているだけ、よしとしよう」と割り切りましょう。そして、厳しい状況を脱したらすぐに貯蓄を再開してください。

## CASE 2 貯蓄できるはずなのにできない

原因

### 余った分を貯蓄しようと思っている

給与が入ったとき、この額なら普通に使っていけば余りが出るはずだから、それを貯蓄に回そう…という意識はNGです。これでは、結果として貯蓄につながりません。むしろ、気付けば残金ゼロ、さらにはクレジットカードの使いすぎでマイナスに、なんていうこともありえます。今すぐ「強制貯蓄」を始めましょう。

## 家計管理から始める

「強制貯蓄」の第一歩となるのが、家計を管理することです。まずは、自分の収入と支出を把握して、どれだけの額を貯蓄に回せるのか、割り出してみる必要があります。そして貯蓄分を差し引いたうえで、生活費をやりくりしていくのです。ここからは、その方法の一例を紹介していきます。「強制貯蓄」では、予算の余りが出たら追加で貯蓄していき、どんどん成果を上げていくことで、次の貯蓄のモチベーションアップにつながるという側面もあります。

貯蓄につながる

# 自分のスタイルを確立しよう

それでは、家計管理のやり方を順を追って説明していきます。
これを踏まえ、自分にとって無理のない方法で実践してください。

## 家計を管理するうえで大切なこと

**一般的な方法にとらわれずオリジナルを見つけて継続**

家計を管理するうえでとっても大切なのが、「自分のスタイルを確立する」こと。家計簿をつける、予算を立てる、領収書を管理するなど、一般的によいとされる方法はいくつもありますが、ストレスなく長続きしそうな、自分なりの方法を見つけることを優先させましょう。以下は、完全にまねをする必要はありませんが、家計の管理方法を確立するうえで、参考にしてもらいたい手順です。

# STEP 1 収支を把握する

## まずは1カ月だけ記録をつけてみる

支出は
案外わかって
いないかも？
マイリスト
月日
曜日
収入
支出
09-19 木 +6,000円 -2,500円
09-20 金 +8,000円 -4,000円
09-21 土 +14,000円 -1,000円
09-22 日 +4,000円 -1,200円
09-23 月 +5,000円 -2,500円
収入
支出

これは健康診断のようなもの。家計がどんな状態か、客観的に見つめることができます。自分の収入は把握できていても、支出を細かく把握している人は多くないでしょう。この段階では、負担のない範囲でいいので、１カ月だけがんばって収支の記録を続けてみてください。１日の大まかな出費をスマホに入力する、といったことでOK。それだけでも、自分のお金の使い方について、さまざまな気付きがあるものです。

# STEP 2 予算を立てる

## 主要な項目に分けて管理しやすく

健康診断で何事もなければ今後も健康に心がけようと思い、問題点があれば改善方法を探りますよね。同様に、収支がわかったらその先を見据える、つまり予算を立てましょう。食費、住宅費、教育費、交際費といった項目を設定して、それぞれに必要な金額を割り当てていきます。項目はライフステージによって異なるので、自分に合ったものにすること。また、あまりに細かい項目では管理が難しいので、主要なものに絞るのもコツです。

世界に一つだけ

# 予算・収支管理シートのすすめ

エクセルを使ったこの方法なら、振り返りがラクで継続させやすくなります。ぜひ、家計管理を続けていくための参考にしてください。

## 予算に対する使用率を確認する

$$\frac{\text{実績（使った額）}}{\text{予算}} \times 100 = \text{使用率}$$

使用率が100%を超えないように。そしてできれば80%、70%と下げられるように。やりくりの目安に使えます。

**予算オーバーの項目をすぐに見つけられる**

　家計管理を行ううえで、「使用率」を把握するのは効果的な方法です。エクセルに、「実績÷予算」を%で表示する計算式を入力しておくだけです。1カ月分の支出の入力が終わったとき、100%を上回っているもの、つまり予算をオーバーした項目をすぐに見つけられますし、率が低いほど使わなかった証拠なので、ついうれしくなり、翌月以降の上手なお金の管理につながります。

# シート作成のポイント

「実績」の右側に「使用率」の欄を作り、「実績÷予算」の計算式を入力し、表示を％に。これで、各項目の使用率が自動で表示される。

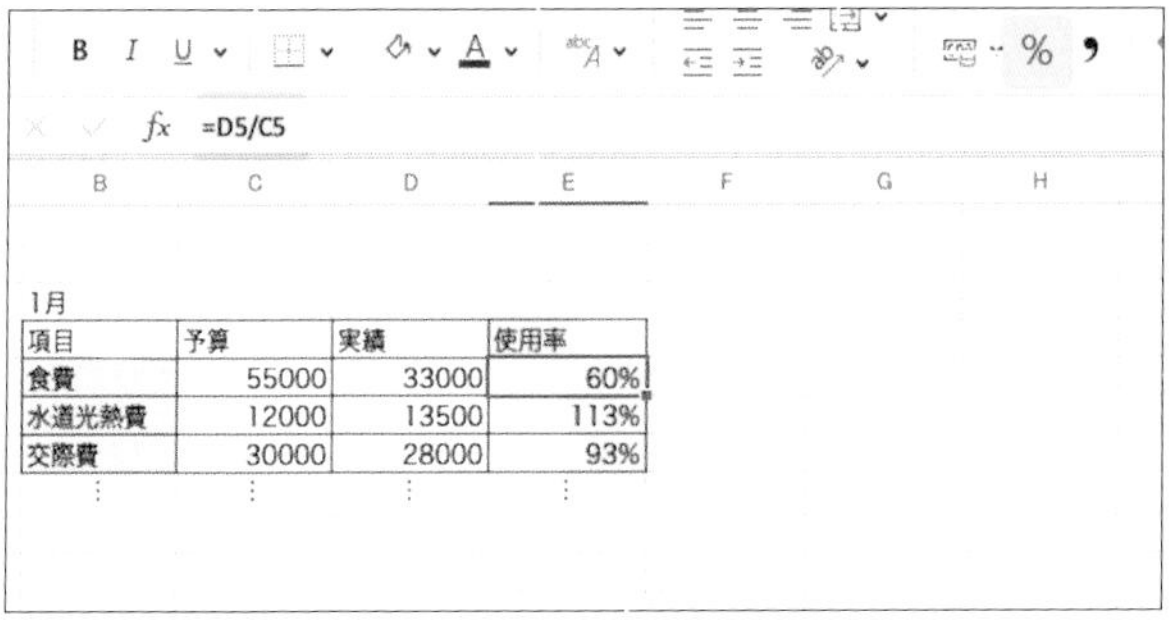


1月

| 項目 | 予算 | 実績 | 使用率 |
|---|---|---|---|
| 食費 | 55000 | 33000 | 60% |
| 水道光熱費 | 12000 | 13500 | 113% |
| 交際費 | 30000 | 28000 | 93% |
| ⋮ | ⋮ | ⋮ | ⋮ |

使用率が100％を超えている項目は予算オーバー。100％を下回ったら、目標達成！　余ったお金は貯蓄に回す。

「使用率」の右側に「結果」の欄を作り、IF関数で「100％以上は×、100％未満70％以上は○、70％未満は◎」といった式を入力。

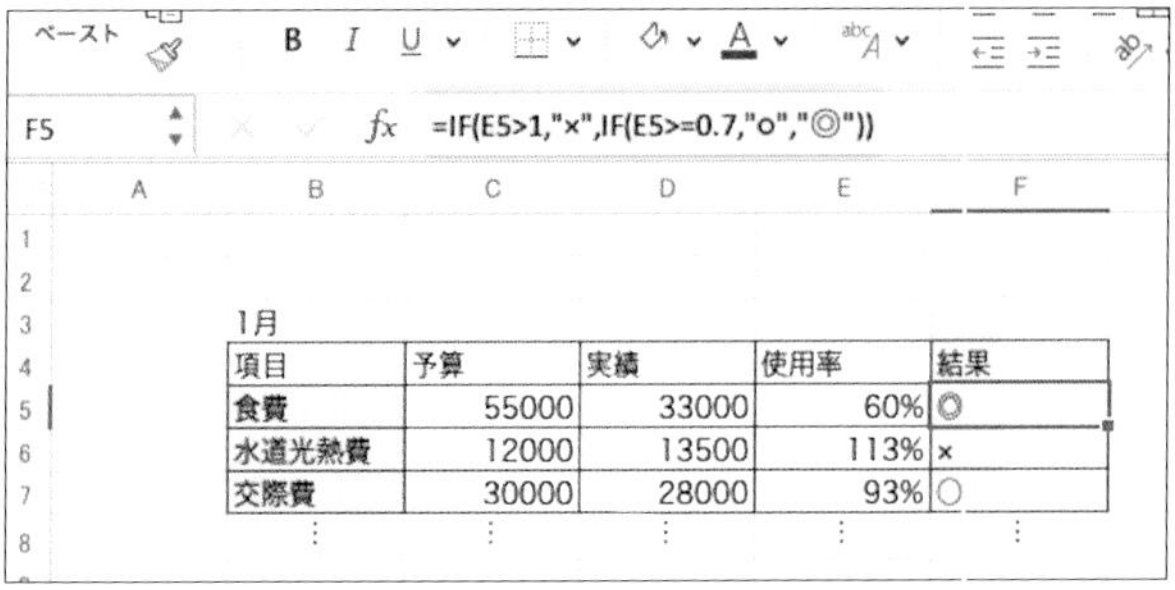


1月

| 項目 | 予算 | 実績 | 使用率 | 結果 |
|---|---|---|---|---|
| 食費 | 55000 | 33000 | 60% | ◎ |
| 水道光熱費 | 12000 | 13500 | 113% | × |
| 交際費 | 30000 | 28000 | 93% | ○ |
| ⋮ | ⋮ | ⋮ | ⋮ | ⋮ |

自分の使いやすいように、いろいろカスタマイズしてみましょう

予算に対してどれだけ支出したのかがマークでも把握でき、管理がさらに楽しく！

エクセルを使った家計簿について詳しく ≫P110

＼不測の事態にも対応！／

# お金は3つに色分けを

**収支を把握し予算を立てられたら、次はお金の色分けをしましょう。このように分けて考えれば、無理なく貯蓄を進められます。**

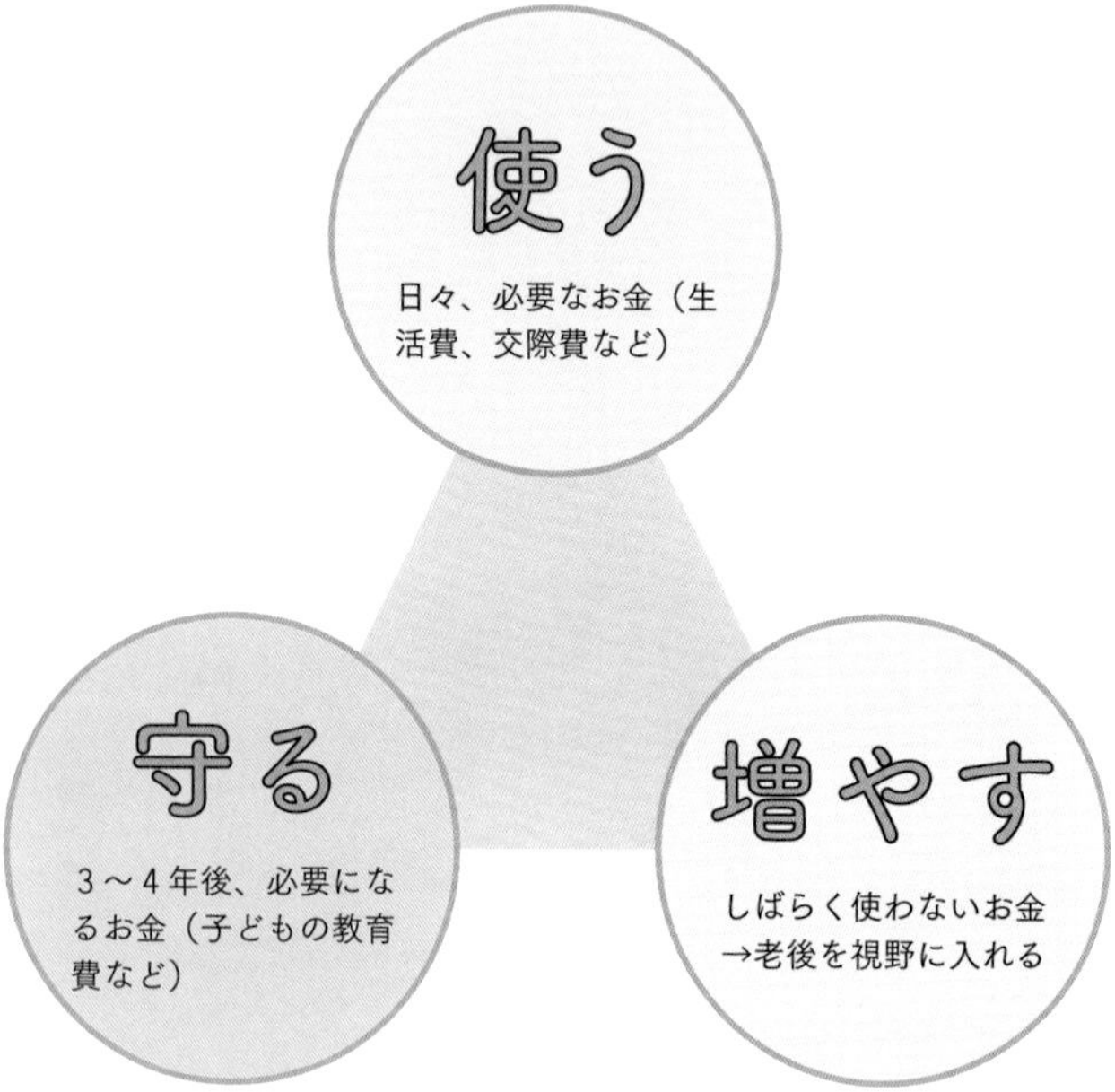


## 「使う」「守る」「増やす」3つの原則

**不測の事態への備えが万全だから、貯蓄も挫折しない**

家計管理ができて貯蓄体質になると、貯蓄が増えていくのでうれしいものです。ただ、不測の事態が生じたとき、貯めたお金を取り崩すことになっては残念。お金は、上記のように分けておきましょう。「今は余裕がなく、しばらく使わないお金はない」という人も、色分けの意識は持ち、「増やす」用の受け皿は用意すること。臨時収入があったとき、それをどうすべきか冷静に考えられるはずです。

# 3つの口座に分ける

（≫P94）

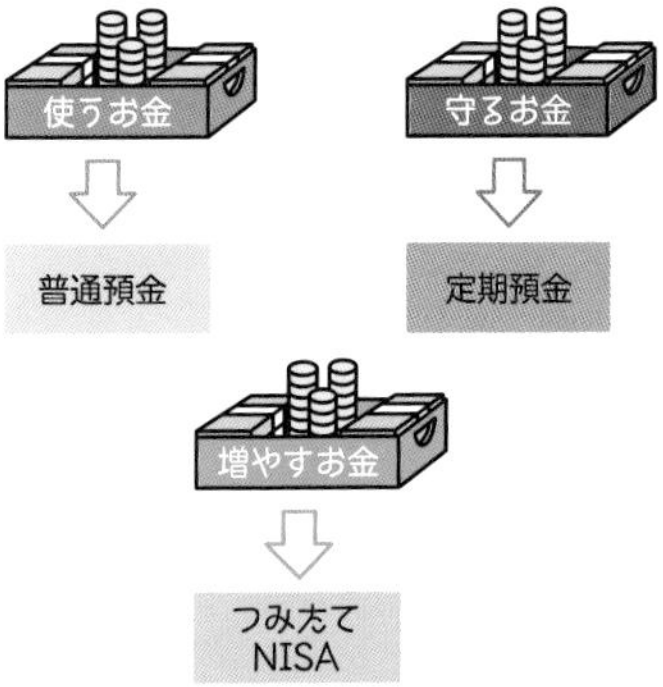


お金の色分けにあたり、それぞれ違う口座で管理します。「使う」お金は普通預金へ、「守る」お金は定期預金へなど、お金の色ごとに口座の種類を使い分けるのもポイントです。最近はネット銀行やキャッシュレスも普及しているので、利用に応じてポイントが貯まる金融機関を選んでもいいでしょう。

# 3つの封筒で管理する

現金が手元にあるほうが色分けをイメージしやすい人は、封筒に入れて管理しましょう。「使う」お金の残額が一目瞭然で無駄遣いを防げる他、貯蓄に回せた額を実感できる点がメリットです。ただし、セキュリティー対策は万全に。封筒は金庫などに保管し、月に1回は銀行に預けるのが安全です。

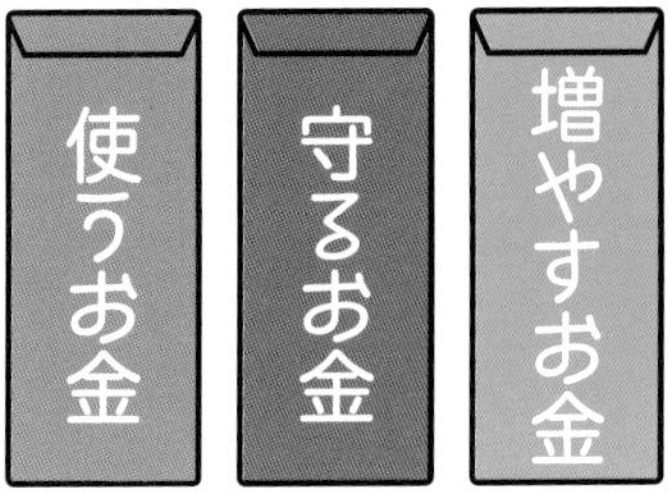


MEMO

### 「増やす」お金は分散投資を意識する

10年も20年も使わない「増やす」お金は、長期間銀行に預けていれば利息収入も積み重なっていきますが、現在の金利状況を考えると別の手段でもよさそうです。しっかり「増やす」べく、証券会社や銀行に口座を開設して投資をしてみましょう。その際、リスクやリターンの度合い、ドルやユーロなど通貨の違いなどでバリエーションを増やせると◎。これを「分散投資」といいます。お金の増やし方は、P178以降で具体的に紹介します。

いざ実践！

# 銀行口座でお金の色分けをしてみよう

お金の色分けに銀行口座を使う場合の、具体的な方法やポイントを説明します。それぞれの金額は、封筒を使う場合でも同様です。

## ❶「使う」用の口座にお金を貯める

||

生活費の1.5カ月分の金額を目安に

### 普段の生活に加え、急な出費に対応できる額

日々の生活、そして急な出費に備えるために、生活費の1・5カ月分ほどを普通預金の口座に入れます。生活圏内にある銀行の口座や、給与が振り込まれる口座を使うといいでしょう。臨時収入があったら、それはこの口座には入れずに貯蓄へ。月の最後に余ったお金も貯蓄へ回し、翌月は再び残高を生活費の1・5カ月分にするのです。こうして目安を決めれば、上手に「使う」ことができます。

## 2 「守る」用の口座にお金を貯める

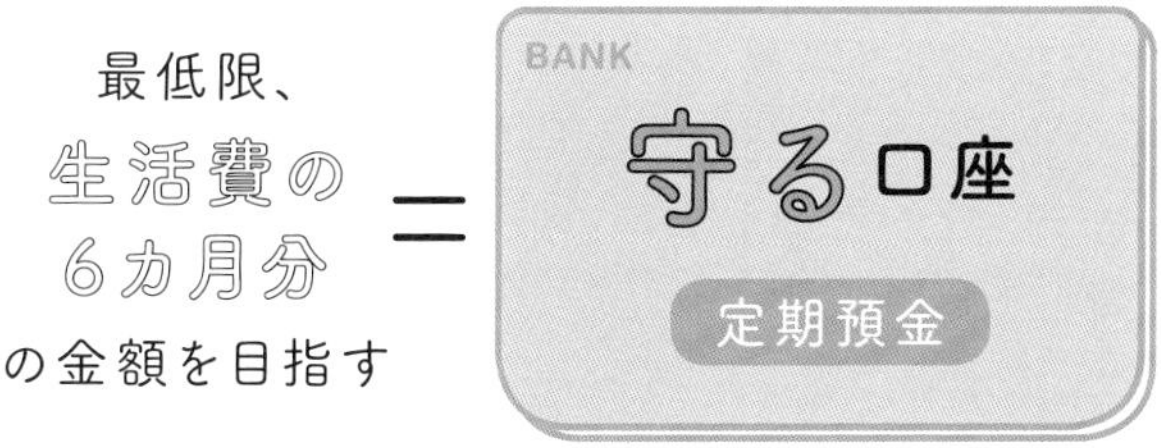


### 数年先の出費や不測の事態に備えて

教育費、車検代など、数年先に使うことが決まっているお金、また、自分に健康上の問題が生じた際や、知り合いの不幸があった場合など、不測の事態のためのお金は「守る」口座へ。生活費の6カ月分を目指し、給料日に自動で積み立てられるようにしてもOKです。口座は、普通預金より引き出しにくい定期預金や、残高が一定以上あると金利が有利になる貯蓄預金が◎。

## 3 「増やす」用の口座にお金を貯める

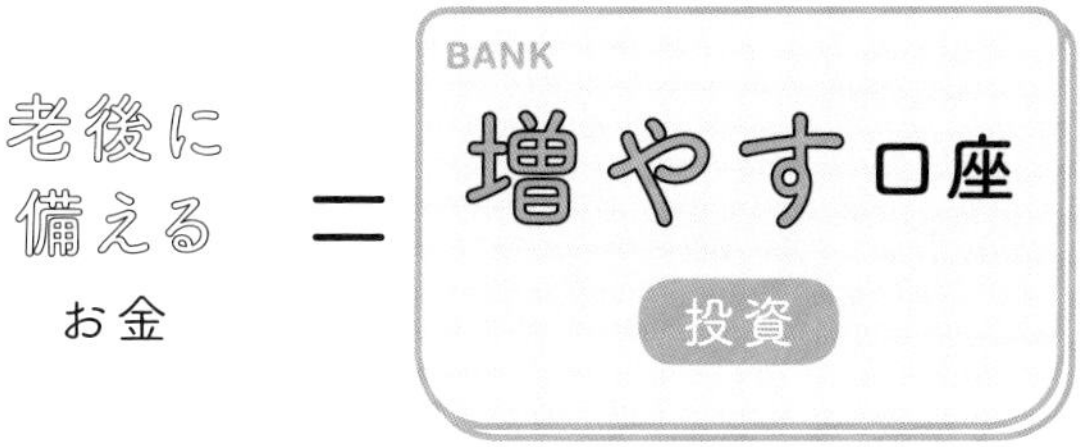


### 長期的なスパンで考えると必要なお金。投資を視野に

人生設計を考えて必要なお金はここへ。老後への備えの他、住宅購入資金、子どもの結婚資金なども該当します。10年後、20年後は、物価が大きく上昇していることも想定されます。「増やす」口座では預貯金中心の保守的な運用はせず、つみたてNISAで株式投資信託に投資するなど、積極的に攻める口座と位置付けましょう。なお、分散投資でリスク軽減を（≫P93）。

FPが実際にやっている

# 口座の活用方法

**入金、出金、投資といった利用シーンから見て、より便利な口座やその使い方がこちら。特徴をとことん利用して、賢く貯めましょう。**

## CASE 1 自分の生活エリアにはない銀行の口座を持つ

通勤途上、よく買い物をするスーパーや自宅の近くなど、生活圏内にある銀行に口座を持っていると、手元のお金が不足したときについ引き出してしまいがち。せめて「守る」「増やす」お金は、自分にとって不便な場所に店舗やATMがある銀行を選ぶのがおすすめです。そうすれば逆に、その銀行の近くに行ったときには「この機会に入金しておこう」という心理が働きやすく、貯蓄がしやすくなります。

## CASE 2 ネット銀行をとことん利用する

ネット銀行とは、店舗を持たずにインターネット上だけでお金の取引をする銀行のこと。店舗の維持費や人件費がかからない分、サービスを安く提供できるのが特徴です。ATMなどの手数料が無料、あるいはお得に利用できる他、金利面でも有利です。楽天銀行やソニー銀行、セブン銀行などが代表的で、グループ会社のサービスを利用するとさらに優遇されることも多くあります。

## CASE 3 信用金庫やJAなどで口座を開設する

銀行口座といえばメガバンクや地方銀行が真っ先に思い浮かぶと思いますが、信用金庫やJAといった、地域に根付いた金融機関を利用するのもおすすめです。信金やJAは、地域の発展を目指して商品やキャンペーンを設定しており、例えば子育て世代への優遇金利を設けているところもあります。それぞれ独立採算で、地域によって金利が異なります。お得なものがあれば、口座を作っておくのもよいでしょう。

## CASE 4 証券口座と連動する銀行の口座を活用する

ネット銀行のなかには、住信SBIネット銀行や楽天銀行など、証券口座と連動して利用することで金利が有利になるものもあります。お金の管理や貯蓄に慣れて、投資・運用に目が向いてきたら、投資資金のプール先として利用するのもいいでしょう。条件を満たすと、他行への振り込み手数料が一定回数までは無料になるといった、使い勝手のよい多種多様なサービスも設定されています。

さらに効果的な家計管理

# 年間の収支と予算を把握する

家計管理にもっとじっくり向き合いたいという人は、
こちらの方法を取り入れてみるのもいいかもしれません。

**お金の大きな流れを知り、無理なく予算を立てる**

　ある月の収支を記録し、それをもとに翌月の予算を立てるのもいいですが、収入も支出も、月によって変動するもの。税金の支払いや休暇中の旅行代など、その月特有の出費が、1年のどこかで発生するはずです。そこで一度、お金の流れを1年のスパンでつかんでみるのもいいでしょう。過去1年分の収支を知っておけば、今後、月ごとに最適な予算を立てられるようになるはずです。

# 収支をざっくり把握する

## ① 1年間の通帳の入金額をチェック

給与などが振り込まれている口座の通帳を使って、収入を計算してみましょう。「入金」の欄にある金額を12カ月分、合計するだけでOKです。夫婦で共働きの場合などで入金のある口座が複数あるなら、そのすべての通帳を確認します。

## ② 1年間の通帳の出金額をチェック

入金額が把握できれば、「収入－貯蓄の純増額」を計算することによって、出金額をおおまかに把握できます。年初と年末で残高にどれくらいの差があるかをチェックしながら、一年を通してどれだけ出金しているのか把握してください。

### 収入－支出＝プラス

- 預金の引き出しは月1回など、制限を設けて計画的に出費
- こまめな記帳で支出を把握
- 収入が多かった

収支がプラスなら、財政は健康な状態。もし口座に入れっぱなしのお金があれば運用に回すなどして、お金をさらに有効に使っていきましょう。

### 収入－支出＝マイナス

- 見えない出費が積み重なっていた
- 無計画にクレジットカードを使い、気付けば残高不足

収支がマイナス、かつ貯金や運用をしていない場合、財政は危険な状態。貯金の取り崩しなどで暮らしていることになります。収入を増やすか、支出を減らして。

## 予算を4項目で設定する

# 年間収入＞年間支出

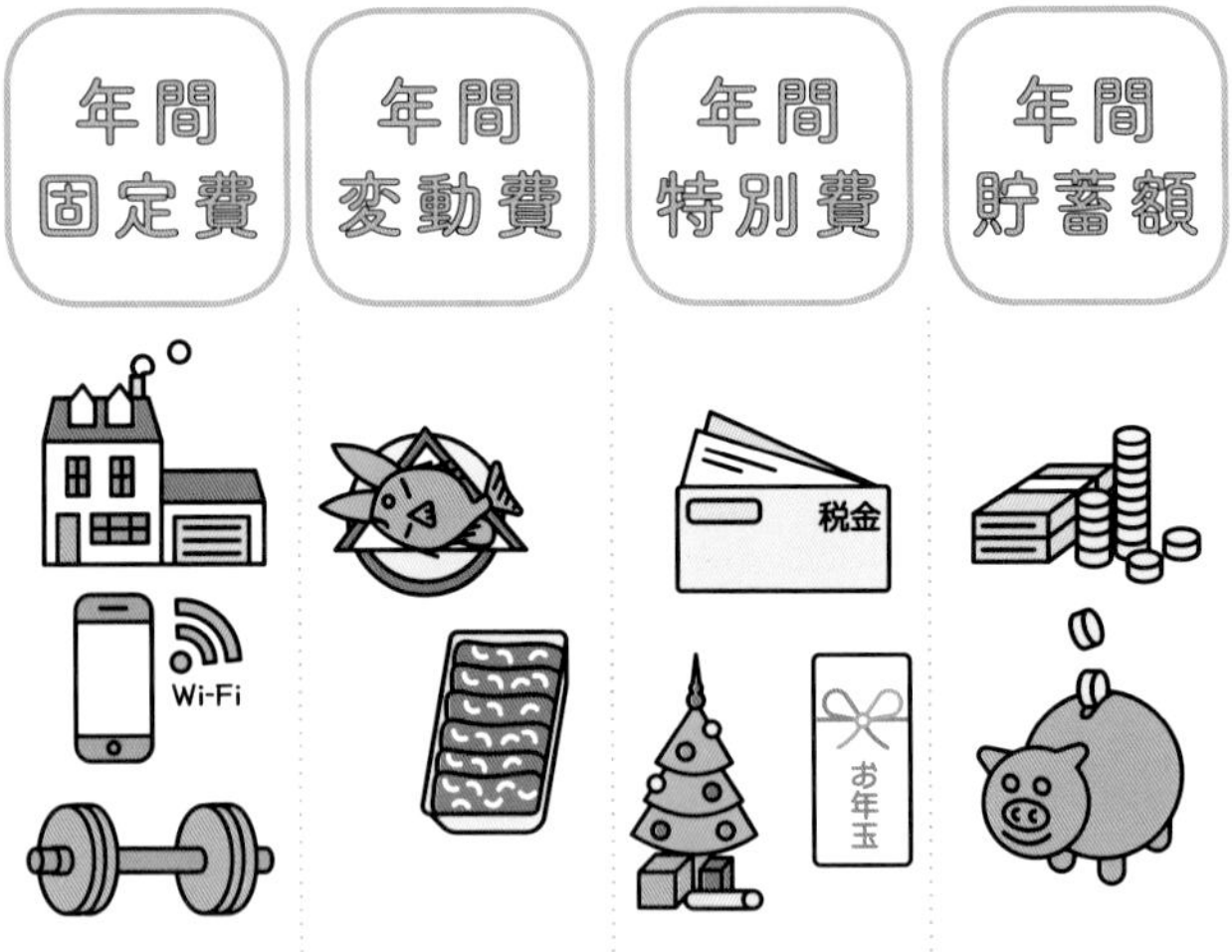


※固定費と変動費の分け方は一例です。

**貯蓄を含めた支出を収入より少なくする**

過去1年間の収支がわかったら、予算を立てましょう。今後の収入と支出を予想して、計画的にお金を管理するのです。年間予算のなかで支出は、「固定費」「変動費」「特別費」「貯蓄額」という4つの項目で考えます。そして、これらが年間の収入を下回るように予算を組むことが、貯蓄を増やしていくコツです。過去の支出を参考に、それぞれ無理のない金額を設定しましょう。

## 年間固定費

### 家賃や通信費など、毎月の支払額がほぼ決まっている支出

家賃または家のローン、電話やインターネットの通信費、生命保険料、教育費といった、毎月同じように支払うのが固定費。スポーツクラブの会費など、健康づくりや趣味にかかるお金も含めてよいでしょう。水道光熱費も、一般的には固定費とみなします。こうした出費が、年間でどれくらいあるのか割り出してみてください。

## 年間変動費

### 食費、交際費など、毎月の支払額が変動する支出

変動費は、食費や交際費など、毎月の金額に変動があるものを指します。年末年始は友人・知人と食事に出かける機会が増えるなど、季節の影響も受けやすいのが特徴です。自分の支出のどれが変動費かわからない場合は、家計簿を１カ月つけてみて。固定費、特別費、貯蓄以外に使ったお金が、変動費とみなせます。

## 年間特別費

### 税金、イベント費など、年間に1～数回の、額がほぼ決まった支出

年に数回必要な大きな出費の「特別費」は２種類あります。１つは、税金のように毎年特定の時期に支払うことが決まっていて、金額が一定のもの。もう１つは、季節やイベントに応じて支出の必要があるもので、家族の誕生日、お正月やクリスマスでの出費など。加えて、旅行、帰省、家電の買い替えなどにかかるお金も含まれます。

## 年間貯蓄額

### 年間収入から年間支出を引いた額を、貯蓄に回す

１年間の収入から支出を引いて余った金額が、１年間で貯蓄できる額。それを12で割り、１カ月でどれくらいの額を貯蓄できるのか算出してみましょう（賞与分は差し引くなど考慮を）。とはいえ、特別費がかかる月などは貯蓄が難しくなる場合もあるので、月々の貯蓄額は無理のない範囲で設定を。余裕があれば、貯蓄額を増やしていくのが現実的です。

# Q 家計簿をつけるなら、どっちがいい？

## A ノートに細かく手書きする

カキカキ
カタカタ
書き込むことで
項目ごとの出費を
しっかり把握

### 大切なのは収支を把握し課題を見つけること

家計簿の大きな役割は、収支の「見える化」です。単に家計簿をつけたからといって、収支が改善するわけではありません。つけることで、課題を見つけられること。その課題の克服に取り組めるようになること。これが重要です。つまり、ある程度収支を把握できているなら、無理に家計簿をつける必要はありません。筆者は、家計管理アプリなどを使って収支の「見える化」をしています。定期的

# B

## 家計管理アプリに入力する

8/20(土)
¥ 1020
¥ 700
¥ 1600
ラクラク〜
見やすい表示で
家計の振り返りも
パッとできる

に資産残高を確認し、増えていればうれしくて次なる貯蓄意欲も湧いてきますし、減っていれば課題を探るきっかけになります。もちろん、家計管理を細かく記録していくことが理想ですが、途中で挫折して続けることができなければ、あまり意味がありません。自分が続けられそうな範囲で「見える化」をして、ときどきチェックしながら貯蓄への意識を高める。これが、家計管理を続けるコツなのです。

家計簿か…。つけないとなぁとは、いつも思ってるんだけどね…。

家計簿を選ぶところで面倒になっちゃいます。先生、最近はいろんな家計簿があるんですね！

そうなんです。これから家計簿をつけてみようという人には、この時代ですし、アプリがいいと思いますよ。私が使っているものは、キャッシュレス決済と連動させれば勝手に記録されていきますし、投資で運用中のお金とも連動できて、とても便利です。自分の全資産を「見える化」できることで、画面を一目するだけで貯蓄をがんばろうという気持ちになってきます。

いいですね！　やってみようかな。

アプリは基本的に自分だけが見るものなので、自分に万一のことがあったときのために、家族にパスワードなどを伝えておくのがいいと思います。せっかく家族のために貯蓄していても、その存在が知られなくては、意味がありませんからね。

なるほど！　アプリ以外の家計簿に関しては、何かありますか？

収支のほとんどが自動で反映されるアプリと違って、自分で記入していくことになりますよね。だから、細かいことは気にせず、とにかく継続することが大切です。項目名を自分なりに設定するなど、工夫しながら、無理なく続けてみてください。

大切なのはここ！

# 家計簿をつける際のポイント

せっかく家計簿をつけても、それで終わっては意味がありません。
家計簿をつける目的を知り、家計改善に役立てましょう。

## 家計の流れを「見える化」する

↓

## 課題を見つける

↓

## 改善に取り組む習慣をつける

家計簿をつける目的は、まずは家計を「見える化」して把握すること。次に、無意識に使いすぎてしまっている箇所などを洗い出し、お金の使い方を見直して、貯蓄につなげていくことです。「課題を見つける→改善に取り組む」のステップを習慣にしていきましょう。

さらに

## 貯蓄への意識を高める

家計簿ではその都度、家計の問題点を洗い出していきますが、ときどき、これまでの記録をチェックして大まかな流れをつかんでみましょう。課題が改善され、家計の状況がよくなっているでしょうか？　貯蓄につながっているでしょうか？　結果が出ていればうれしくなり、次なる意欲も湧いてきます。改善できていないようなら、別の視点から課題を探るきっかけになります。途中で投げ出さず、続けて行くことが大切。便利な家計管理アプリなども利用して、継続させていきましょう。

あなたはどれが好み？

# 家計簿の種類と特徴

家計簿のなかでも、代表的な３つのタイプを紹介します。
これを参考に、自分に合ったものを見つけてください。

## 手書きタイプ

（≫P108）

### ノートに項目ごとに書き込んでいく

市販の家計簿ノートや大学ノートなどに、手書きで記録していく方法です。項目は、「食費」「水道光熱費」「通信費」など一般的なものや、よく利用する店名など、自分に合ったものをいくつか立てて、日々の出費と残高を記録していきます。月末には、その月の出費の合計を算出します。

**主なメリット**

- パソコンやスマホに弱い人にとって、使いやすい
- 1コマずつ書きながら、出費の見直しができる

**主なデメリット**

- 計算と記入に手間取る
- 項目を付け加えたくてもスペースが足りないなど、融通がききづらい

### 自分の生活に取り入れやすい方法を

　家計簿のつけ方はいろいろなので、そのなかから自分に合ったものを見つけることがポイントです。代表的なのは、手書きする、エクセルを使う、アプリを使う、の3種類。まずは、自分の生活に取り入れられそうなものを選んでみてください。必要に応じて組み合わせたり、アレンジしたりしてもいいですね。自分にとってストレスなく、ラクに長く続けられる方法を見つけていきましょう。

## エクセルタイプ

（≫P110）

主なメリット

- 合計額を出すなどの計算を自動化できる
- グラフに反映させれば家計をより把握しやすい

主なデメリット

- あらかじめシートを作成する手間がかかる
- 記録のたびにパソコンを立ち上げる必要がある

### 計算式を入れておけば自動で表示

パソコンを使い慣れているなら、エクセルの家計簿がおすすめです。基本的に、項目やレイアウトは手書きタイプと同じ。圧倒的に便利なのは、出費の合計などをエクセルが自動で行ってくれることです。また、アプリに比べて自分仕様に作りやすいというメリットもあります。

## アプリタイプ

（≫P112）

主なメリット

- 項目や入力画面が整理されていて使いやすい
- 家計状況をグラフなどで視覚的に把握できる

主なデメリット

- 口座やカードとの連携は犯罪被害のリスクがある
- データが失われる可能性がある

### いつでもどこでも入力できる

常に持ち歩いているスマホに家計簿アプリが入っていれば、いつでもどこでも家計の確認・入力ができます。項目や入力画面は使いやすく整理されているうえ、レシートを読み取るといった、スマホならではのメリットが豊富。思い立ったらインストールして、気軽に始められます。

もう迷わない！

# 家計簿の項目分けのこと

**コツコツ手書きするタイプの家計簿を使うなら、項目をどうするかが重要。それ次第で、記録を続けやすくも続けにくくもなります。**

収入と支出の主要な項目

| | | |
|---|---|---|
| 収入 | 給与 | 月々の給与、夏と冬の賞与、それぞれの手取り。 |
| 収入 | その他の収入 | フリマアプリでの売上金、投資による利益など。 |
| 支出 | 住宅費 | 賃貸なら家賃や共益費。持ち家なら住宅ローンの返済。 |
| 支出 | 水道光熱費 | 水道代、電気代、ガス代。他に、灯油代などもここへ。 |
| 支出 | 食費 | 外食に使うお金は、娯楽費とみなせる場合もありそう。 |
| 支出 | 消耗品費 | 洗剤、ごみ袋など、定期的に購入が必要なもの。 |
| 支出 | 交通費 | ガソリン代や電車代など。車をよく使うなら必須の項目。 |
| 支出 | 保険料 | 生命・医療・火災・自動車保険に支払うお金。年払いの場合はその額を12で割り、1カ月分に換算して記録を。 |
| 支出 | 通信費 | 携帯電話、固定電話、インターネットにかかるお金。 |
| 支出 | 教育費 | 子どもの学校、塾、部活動などにかかるお金。 |
| 支出 | 娯楽費（お小遣い） | 外食や洋服の購入など、嗜好に応じて支出するもの。ジムや英会話などの会費をこの項目に含めてもOK。 |
| 支出 | 雑費 | 町内会費や車検代など、上記以外で定期的に支払うお金。 |
| 支出 | 臨時費用 | 冠婚葬祭や旅行など、年に数回ある、額が大きい支出。 |
| 支出 | 貯蓄 | 給与が入金されたら、家計に見合った額を強制的に貯蓄。 |

## 支出項目は主要なものに絞る

家計簿の項目は、人それぞれでOKです。あまり細かく分けると管理が難しくなるので、主要な支出項目を中心にしてください。項目は、ノート1ページに収まる数に絞るのがおすすめ。そうすれば、1カ月分の支出全体をパッと見で把握できます。項目を細かくした結果、記録するのが面倒になってすぐにやめてしまう、というのは避けたいところ。そこで、次のような方法もおすすめです。

# 支出項目はスーパーの名前などでもOK

## 記録を継続させるために ハードルを低くしておく

よく行く店の名前を支出項目にする手もあります。日頃使うスーパーで何をどれくらい買っているかは、おおよそ把握できるはず。例えばスーパーAでの出費の半分が食費の場合、下記の記録からは、5万円の半分の2万5000円と、それ以外の店での食費1万5000円を足して、実際の食費は4万円だとわかります。こんなにハードルが低い方法でも、挫折せず続けられればそれで十分です。

| 支出項目 | 金額 |
|---|---|
| 水道光熱費 | **20,000** 円 |
| 食費 | **15,000** 円 |
| スーパーA | **50,000** 円 |
| ドラッグストアB | **3,000** 円 |
| コンビニC | **1,800** 円 |

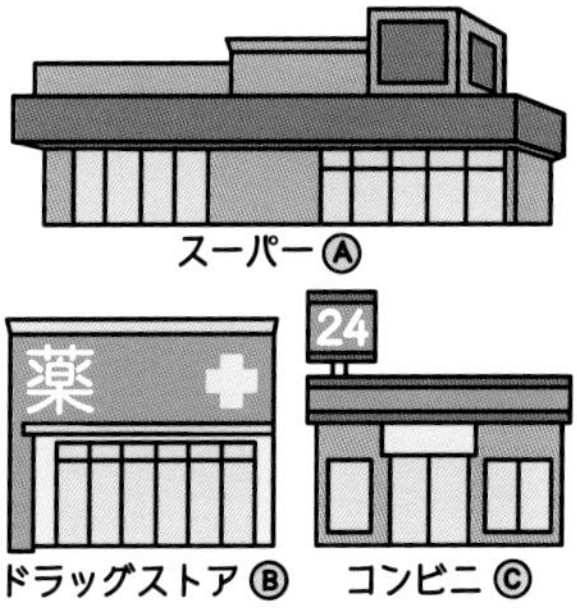


MEMO

### レシートを貼るだけ家計簿のすすめ

昨今話題なのが、会計時にもらったレシートを貼っていくタイプの家計簿。日々の支出を記入する代わりにレシートを貼るので、記入の手間と時間が節約できるのです。金額の目盛りに沿って貼るタイプなど、さまざまなデザインのものが市販されています。もちろん、大学ノートを使って簡単に自作することも可能です。

節約・貯蓄に！

# オリジナル家計簿のすすめ

**エクセルで、自分だけの家計簿を作るのもおすすめです。**
**収支の項目だけでなく、目標貯蓄額なども入れてカスタマイズを。**

## 1年間の収支予定と実績を一緒に入力

「予算・収支管理シート」（≫P90）の応用で、本格的な家計簿も作れます。ひな型にまずは、1年分の収支予定を入力（≫P100）。項目は主要なものにして、収入額はやや少なめ、支出額はやや多めに見積もるのがポイント。こうしてできたシートに実績を入力していけば、常に収支予定と見比べられます。なお、レシートや明細書は項目ごとに保存しておけば、まとめて入力する際もスムーズ。

## 目標貯蓄額を設定すると節約にもつながる

この家計簿には、貯蓄額に関する欄も加えておきます。まずは年間の収支から割り出した目標貯蓄額を記入しますが、その先がポイント。収支の実績に応じて貯蓄可能額が自動で算出される仕様にしておくことで、現時点でどれくらいの額を貯蓄できるのかが一目瞭然なのです。これを目標貯蓄額とセットで把握することになるため、自然と節約の意識が高まっていくはずです。

### 収支の予算を入力

収入の予算、支出の予算を、月ごとに入力する。額はだいたいで0K。

### 収入の実績を入力

実際の収入を入力する。

### 支出の実績を表示

項目ごとに合計値が表示されるよう設定した別シートに実際の支出を入力することで、この欄に自動的に反映される。

| 20xx年家計管理シート | 1月 | | 2月 | | 3月 | |
|---|---|---|---|---|---|---|
| | 予算 | 実績 | 予算 | 実績 | 予算 | 実績 |
| 収入 | 500,000 | 523,582 | 500,000 | 519,905 | 550,000 | |
| 住宅費 | 80,000 | 80,000 | 80,000 | 80,000 | 80,000 | 0 |
| 水道光熱費 | 20,000 | 20,538 | 20,000 | 0 | 20,000 | 0 |
| 食費 | 40,000 | 43,791 | 40,000 | 3,780 | 40,000 | 0 |
| 消耗品費 | 10,000 | 7,934 | 10,000 | 0 | 12,000 | 0 |
| 交通費 | 20,000 | 19,800 | 20,000 | 380 | 20,000 | 0 |
| 保険料 | 30,000 | 29,800 | 30,000 | 29,800 | 30,000 | 0 |
| 通信費 | 20,000 | 22,400 | 20,000 | 0 | 20,000 | 0 |
| 教育費 | 30,000 | 31,500 | 30,000 | 1,300 | 35,000 | 0 |
| 娯楽費（お小遣い） | 50,000 | 50,000 | 50,000 | 0 | 50,000 | 0 |
| 雑費 | 10,000 | 8,570 | 10,000 | 0 | 10,000 | 0 |
| 医療費 | 15,000 | 13,937 | 15,000 | 0 | 15,000 | 0 |
| 臨時費用 | 20,000 | 17,000 | 20,000 | 0 | 30,000 | 0 |
| 税（住民税など） | 0 | 0 | 60,000 | 60,000 | 0 | 0 |
| 社会保険料 | 40,000 | 40,000 | 40,000 | 40,000 | 40,000 | 0 |
| ○○○○○ | 0 | 0 | 0 | 0 | 0 | 0 |
| 見込支出 | 385,000 | | 445,000 | | 402,000 | |
| 目標貯蓄額 | 115,000 | | 55,000 | | 148,000 | |
| 確定支出 | 385,270 | | 215,260 | | 0 | |
| 貯蓄可能額 | ¥138,312 | | ¥304,645 | | ¥0 | |
| 貯蓄実施額 | ¥138,000 | | ¥0 | | ¥0 | |

### 目標貯蓄額を表示

収入の予算から「見込支出（支出の予算の合計）」を引いた額が自動的に反映される。この額を本当に貯蓄できるよう、やりくりしていって。

### 貯蓄可能額を表示

実際の支出を入力するごとに、収入の実績から「確定支出（支出の実績の合計）」を引いた額が自動的に反映される。それだけ貯蓄に回せるということ。

このシートはダウンロードできます

朝日新聞出版 お金の使い方テク　検索

手軽でお得

# 家計簿アプリを使いこなす

**今や家計簿も、スマホでササッと入力できる時代。そんな、家計簿アプリのメリットを紹介します。**

FPおすすめ

家計簿アプリ

### マネーフォワードME

収支の入力が簡単。クレジットカード決済のデータ、金融機関の口座の引出・預入などの情報も自動で反映され、金融資産の状況を確認しやすい。

### LINE家計簿

LINE Payでの購入履歴などが自動で反映されるため、入力の手間がない。キャッシュレス決済をよく利用する人には、特に便利。

### CODE

レシートと購入した商品のバーコードを読み込むとポイントが貯まり、電子マネーなどに交換可能。ポイントがもらえるアンケートなどもある。

## スマホでいつでも入力・管理ができる

家計簿アプリのメリットはなんといっても、いつも持ち歩いているスマホで記録できること。買い物したらその都度ササッと入力すれば、レシートをため込んだあげく記録が面倒になって挫折…ということがありません。また、記録・管理がしやすいように設計されている他、グラフ化など見やすい工夫も多くて重宝します。バリエーションが豊富なので、自分が使いやすいものを選べます。

## レシートの読み取り機能でポイントが貯まるものも

普通にタップして入力できるだけでも便利ですが、アプリによっては、スマホをレシートにかざして読み取るだけで記録が完了するものも。これなら、スピーディー&スムーズに入力できるうえ、入力間違いが起こりません。また、レシートを読み取ることでポイントが貯まるサービスも注目されています。このように、お得感もあって楽しみながら家計管理できるのが、アプリのいいところです。

# 家計簿アプリを使うメリット

## 1 レシートを読み取って自動入力

アプリによっては、スマホをレシートにかざすだけでその情報が読み取られて、使用した金額が自動的に家計簿として入力されます。面倒な入力作業がいらないことから、家計管理が苦手だった人にとって、継続させる強い味方になってくれるはずです。

## 2 グラフになるから予算と実績が比べやすい

項目の振り分け、グラフ化を自動的にしてくれるので、家計の現状が一目瞭然。「前月に比べてどうか」「予算と実績の比較は」「何に使いすぎているのか」など、さまざまな気付きにつながり、節約のモチベーションが高まります。

## 3 家計管理がラクになる

欠かさず持ち歩いているスマホで、いつでもどこでも家計の記録ができるのが家計簿アプリのいいところ。最近は、キャッシュレス決済などによってお金の出し入れがスマホと密接に絡んでいるため、アプリによる家計管理がますますラクになっています。

## 4 銀行口座やカードとの連携でさらに便利に

銀行口座やクレジットカード、デビットカードと連携できるアプリもあり、請求予定などの明細が表示されます。わざわざ通帳やWebで確認をしなくても、口座の残高や使用履歴がわかるので、管理がラクに。使いすぎの防止にもつながります。

MEMO

### 銀行口座やカードの個人情報管理

金融機関では、しっかりとしたセキュリティー対策をとっている他、アプリの保管データも厳重に守られています。それでも、フィッシング詐欺などによって個人情報が盗まれ、預金などが不正に引き出されるケースが増えてきています。被害に遭った場合、預金者に過失があると、預金の一部または全部が補償されないことも…。カード自体の管理、パスワードの管理などは十分に気をつけてください。

# 誰でも簡単にできるお金の管理

家計簿に記録するのはやっぱり腰が重い…という人は、
とっても簡単な、こちらの方法を実践してみてください。

## 目的別に袋に分けて管理する

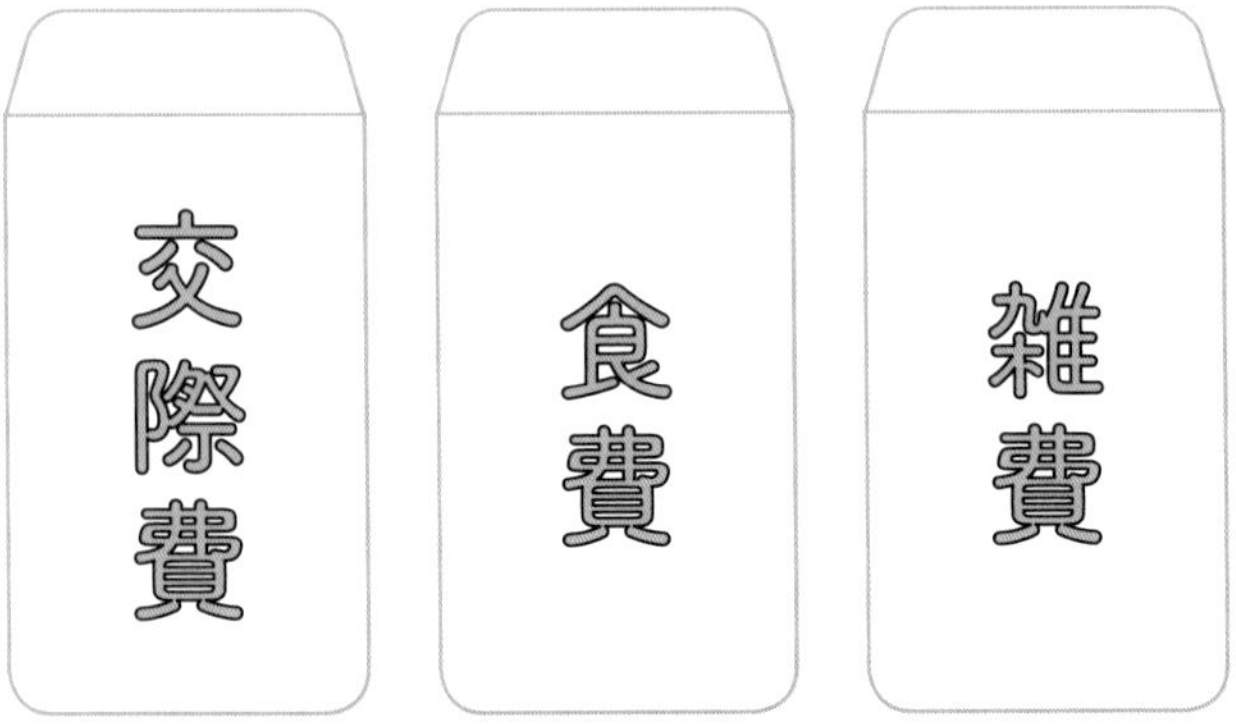


### 毎月、袋に分けるだけ！

あらかじめ、自分が管理しやすいように項目を設定しましょう。その際は、P108〜109などを参考にしてみてください。

### 予算オーバーは一目瞭然。余りは貯蓄に回してもOK

上記のように予算の項目ごとに袋を用意し、それぞれに予算額分のお金を入れておくだけです。お金が足りなくなったら予算オーバーということなので、どの項目が使いすぎか、すぐに把握できます。ある意味、家計簿と同じ役割を果たしてくれます。余った場合は、使いきったものとして貯蓄に回してもいいですね。余らせることが楽しくなれば、上手な家計管理となり、貯蓄につながります。

# 1日に財布を開けた回数を数える

**自分の出費の傾向がわかり
無駄遣い削減につながる**

　袋分けよりさらに簡単なのがこちら。仕事から帰ったタイミングなどで、その日に何回財布を開けたか振り返り、メモするのです。これを習慣にすると、「また時間潰しでカフェに行った」「今週は外食が多い」など、自分の傾向が見えてきて、回数が多い日はその理由を無意識に探ることになります。一方、回数がゼロだった日は、「よし、明日も無駄遣いしないぞ」という好循環につながります。

## 財布を開けたシーンを振り返る

BLACK COFFEE
無糖
milk chocolate
milk chocolate
●朝、缶コーヒーを買った
●ランチで外食した
●会社に備え置きのおやつボックスを利用した
●帰宅時にスーパーで食材などを買った

毎日続けて平均的な回数を把握

↓

回数が多い日＝お金が減っている
なぜだろう？と理由を探るようになる

↓

**無駄遣いが減る！**

**MEMO**

**キャッシュレスにしているなら履歴をチェック**

最近は財布の出番が少なくなった、という人でも、上記と同様の方法で、むしろより簡単にお金の管理ができます。PayPayやLINE Payといった電子マネーは履歴を簡単に見ることができ、利用したシーンの振り返りにも便利。週末などにまとめて確認することも可能です。とにかく、お金を使った回数を数えるだけなので、ハードルは非常に低め。だからこそ、意外とその先の出費の傾向や原因、対策などを、知らず知らず考えるようにもなります。

# Q お金に関する話…、どっちがいい？

## A 家族や友人と積極的に話す

夫婦でお互いの
収入とその用途
などを明確に
¥
¥

**お金の話をすることは上手なお金の管理で大切**

日本人には元来、「お金の話をすることはタブー」という風潮があります。これがお金の管理を保守的、内向的にしてしまい、結果、日本人は上手にお金と向き合えていないといわれています。また、日本人の夫婦は妻がお金を管理しているケースが圧倒的に多く、夫婦共同で管理しているという割合は非常に少ないこともある調査でわかりました。

お金の話を誰ともしないでいると、お金に関する情

# B

## できるだけ秘密にして話さない

そろり
そろり
BANK
夫婦のどちらかが財布のひもを握り相手に開示しない

報が得られず、知識や判断力、注意力も身につきません。これでは、詐欺の被害に遭うのも不思議ではないでしょう。夫婦で定期的にお金の話をすれば、お金に関する情報交換をすることにもなり、よりよいお金の管理につながるはずです。

　家族に限らず、友人、知人や同僚など、周りの大切な人ともぜひ、お金の話を積極的にしてください。お金というトピックに偏見を持つことなく、接点を増やすことが、お金を増やすコツでもあるのです。

家族や友人とお金についてまったく話さないわけではないけど、踏み込んだ話はなかなかしづらいなあ。

そうですよね。私の友人には、共働き夫婦だけどお互いの収入を知らないとか、お金の管理は相手に任せっきりで家計を把握していないとか、そんな人が多いです。

私は長年FP相談を担っていますが、ご夫婦でいらっしゃるところは、家計管理がしっかりしている印象です。逆に、例えば奥様だけがいらっしゃった場合、ご主人と相談しないと決められないことも多いので、いったんお帰りになり、そのまま解決することなく相談が終わってしまうケースもあります。

やっぱり、夫婦で一緒になって家計に向き合わないといけないんですね。

夫婦でいえば、奥様がご主人に対してお小遣い制を導入することはおすすめしません。ご主人が自由に使えるお金が少ないと、自己投資に消極的になる傾向にあります。すると、収入アップにつながるようなチャンスを逃してしまうかもしれませんよね。

私もお小遣い制なんですが、自己投資をしたいと思ったときに、お金を気にして躊躇することがありました。

それに、現役時代にお小遣い制だった人は、引退後に苦労するかもしれません。お小遣いの額を超えるお金の使い方に慣れておらず、税金のこともよく知らないままという人、実は多いんです。こうしたことからも、家計管理は夫婦で行い、お金について話すことがおすすめです。

日本人は低い？

# お金に関する注意力

**諸外国の人に比べ、お金に関する力が弱い日本人。普段からお金のことを積極的に話して知識を高めつつ、詐欺被害も防ぎましょう。**

## 普段からお金の話をすると詐欺被害を防ぐ効果も

ある調査で、日本人は先進国の人々と比べ、お金に関する知識や判断力が低いと指摘されています。また別の調査では、お金に関する注意力も圧倒的に低いということがわかっています。振り込め詐欺や悪質な投資詐欺などに対する注意喚起が盛んになされているにもかかわらず、その被害はなくなりません。それどころか被害額が増えている状況にさえあるのは、下記のような負の連鎖が生じているためともいえそうです。普段からお金の話を積極的にして、お金に関する注意力を高めましょう。

夫婦でお金の話をしない

↓

夫はお金に無頓着

↓

（夫がリタイアして退職金を手にする）

↓

よくわからない投資に勧誘される

→ 詐欺被害に遭う！

MEMO

**夫婦だけでなく友人や同僚ともお金の話を**

いろいろな人と、もっとお金の話をしましょう。その大きなメリットは、会話の種として積極的に情報を入手しようとするようになることです。また反対に、話すことで相手から得られるお金の情報もたくさんあります。お金に興味が湧くと、新しい情報を知ることが楽しくなります。また、魅力的な金融商品の情報などにも、もっと目が行くようになるはずです。

将来への備えにも◎

# 夫婦でお金を管理する方法

お金の管理は、夫婦で協力したほうがうまくいきます。
二人三脚で取り組んでいくためのポイントを知りましょう。

## 1 お互いの給与や貯蓄額を開示する

### 2人で協力していくための第一歩

2人の将来のための貯蓄、2人の子どものための貯蓄など、さまざまな目的に応じてお金を貯めていくには、日々の生活費をどのように管理するかが重要。その第一歩は、相手の状況を知ることです。夫婦二人三脚で、お金を管理してください。「私のほうがたくさん生活費を出している」などと牽制し合っていては、建設的な話し合いはできません。2人で協力するからこそ、貯蓄もしやすいものです。

## 2 共働きの場合は共同口座で管理する

### 口座を項目ごとに割り振り2人でチェックする体制に

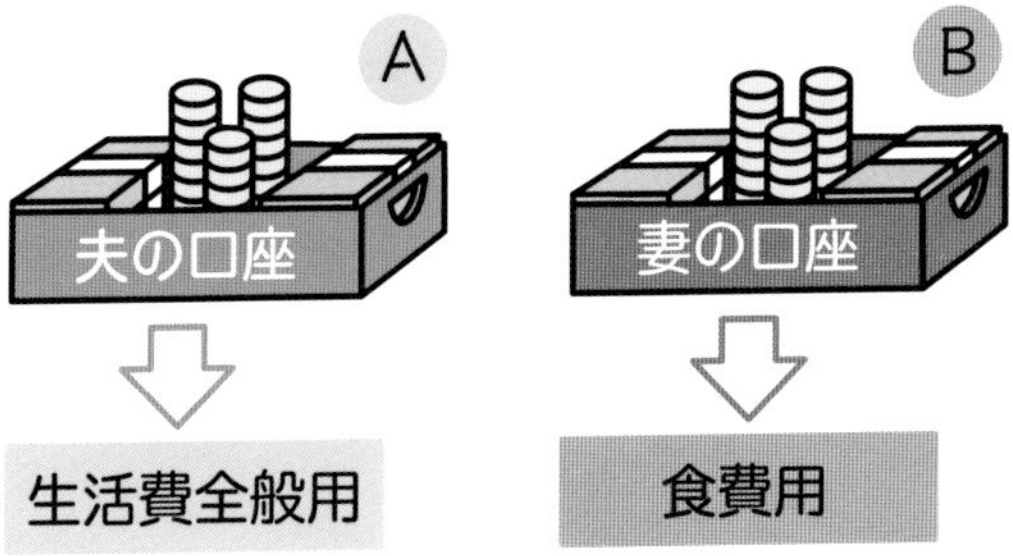


ダブルインカムで余裕があると、それだけ支出も多いというケースが。知らず知らず浪費していないか、夫婦でチェックできるようにしましょう。生活費や食費は特定の口座で管理すると、月々の状況を把握しやすいはず。口座は「夫婦名義」では開設できないため、夫の口座Aは生活費全般用、妻の口座Bは食費用などと分け、運用管理を「見える化」するのが大切です。

## 3 専業主婦（主夫）には一層の協力体制を

### 互いに感謝し、家計について話し合いを

収入差があると、夫婦間でお金への価値観に差が生じることも。よって、「給料日にはゆっくり家計の話をする」などルールを決め、収支状況やこれからの貯蓄について話をしましょう。専業主婦（主夫）が家庭を守っているからこそ、働きに出ている側は稼ぐことができるということも、お互いが強く意識すべき。感謝し合いながら、協力体制を築くことが大切です。

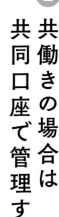

ここにも注目

# 男女の特徴を家計管理に生かす

ズバリ、男性と女性ではお金に関する得意分野が違います。
それぞれの強みを生かして、家計を管理していきましょう。

## 男女のお金に関する理解度

### 男性は金利や物価などに強い

男性の正解率が高かった問題

**Q** 高インフレのときには、生活に使うモノやサービスの値段全般が急速に上昇する。○か×か。

**Q** 100万円を、年率2％の利息がつく預金口座に預け入れました。それ以外にこの口座への入金や出金がなかった場合、5年後には口座の残高はいくらになっているでしょうか。

**Q** インフレ率が2％で、普通預金口座であなたが受け取る利息が1％なら、1年後にこの口座のお金を使ってどれくらいの物を購入することができると思いますか。

**Q** 金利が上がったら、通常、債券価格はどうなるでしょうか。

**Q** 10万円の借り入れがあり、借入金利は複利で年率20％です。返済をしないと、この金利では、何年で残高は倍になるでしょうか。

（金融リテラシー調査〈金融広報中央委員会、2019年〉より／問題文はすべて一部編集）

### 金融リテラシー調査でわかる男女の特徴

金融リテラシー調査において、男性は金利や物価など、計算をベースにした問題の正解率が高いことがわかりました。一方、女性のほうが正解率が高かった問題は、算術的な要素はなく、選択肢一つひとつが長い、問題文をじっくり読んだうえで判断すべきものばかりです。「適切でないもの」を選ぶ問題も3つあり、やはり落ち着いて考える読解問題に強いことがわかりました。

# 女性は落ち着いて考える読解問題などに強い

## 女性の正解率が高かった問題

**Q** 家計の行動に関して、適切でないものはどれでしょうか。

**1** 家計簿などで、収支を管理する
**2** 本当に必要か、収入はあるかなどを考えたうえで、支出をするかどうかを判断する
**3** 収入のうち、一定額を天引きにするなどの方法により、貯蓄を行う
**4** 支払を遅らせるため、クレジットカードの分割払いを多用する

**Q** 一般に「人生の３大費用」といえば、何を指すでしょうか。

**1** 一生涯の生活費、子の教育費、医療費
**2** 子の教育費、住宅購入費、老後の生活費
**3** 住宅購入費、医療費、親の介護費

**Q** 契約を行う際の対応として、適切でないものはどれでしょうか。

**1** 自分にとって、その契約が本当に必要なのかを、改めて考える
**2** 解約できるかどうかや、解約時に違約金が発生するかを確認する
**3** 業者から詳しく説明を聞いて契約し、契約書は後でゆっくり読む
**4** 契約締結にあたり、必要に応じて、第三者にアドバイスを求める

**Q** 金融トラブルに巻き込まれないための行動として、適切でないものはどれでしょうか。

**1** 自分の個人情報はなるべくいわない
**2** 金融経済に関する知識を身につけるよう努力する
**3** 判断に迷ったときは、業者を信じて一任する
**4** 購入しようとする商品の評判をインターネットで確認する

（金融リテラシー調査〈金融広報中央委員会、2019年〉より／問題文はすべて一部編集）

## 男女の特徴を踏まえて明確に役割分担を

調査でわかった男女差を踏まえると、例えば投資信託や保険、住宅ローンといった金融商品の契約時は、契約書などをしっかり読む役割は妻が担い、満期金や返戻金、他の金融商品とのパフォーマンスの比較などは夫が担うのがよいでしょう。明確に役割分担をして協力し合うことで、適切な商品の購入、トラブル回避などにつながる可能性があります。もしかすると、夫婦喧嘩も減るかもしれませんよ。

すぐに実践できる

# 50／30／20ルール

**細かい家計管理が苦手な人でも、覚えやすく実践しやすいのがこれ。
「手取りは２割貯蓄」を合い言葉にすれば、失敗はありません。**

## 貯蓄のために覚えておきたい比率

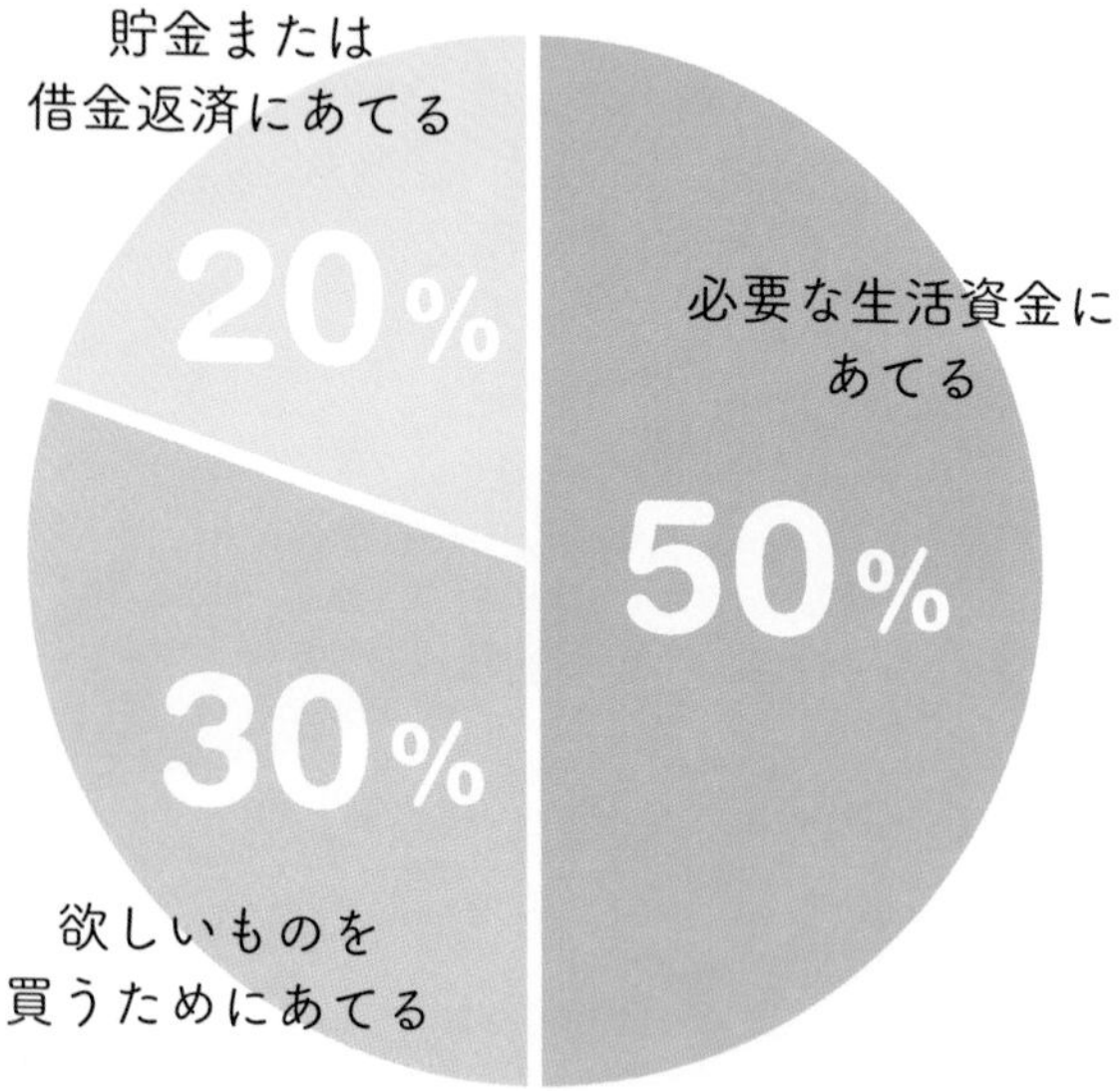


**用途の割合を決めれば
貯蓄しやすくなる**

税金などを引いた手取り額を上記のように割り振り、最低でも20％は貯金をしなさいという方法。アメリカの政治家で、個人ファイナンスの研究なども行うエリザベス・ウォーレンが提言したものです。とてもわかりやすいので、特に、なかなか貯金額が決められなかったり、つい浪費してしまったりする人にとっては、このような目安があることで、家計管理も取り組みやすくなりますね。

# 手取りの使い道

## 必要な生活資金にあてる

- 食料品
- 住居費（住宅ローン）
- 公共料金
- 保険
- 車のローンなど

食費や家賃、光熱費などは、生活に不可欠。ここを無理して削ると、健康や生活を維持できなくなる可能性があります。平均的な収入がある場合、手取りの50％は生活資金に。

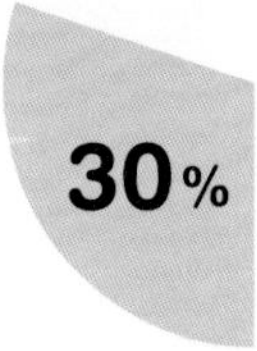


## 欲しいものを買うためにあてる

- 買い物
- 外食
- 趣味など

日々の仕事や節約に対するごほうびとして、自分の楽しみにもお金をかけたいもの。生活必需品以外の洋服やアクセサリー代、遊興費、趣味などにあてるお金は、手取りの30％以内に収めて。

## 貯金または借金返済にあてる

- 貯金
- 借金返済

借金があるなら、毎月手取りの20％を目安に返していくべきです。ここでは、車や家といった資産に対するローンではなく、消費者金融などから借入がある場合を借金とみなします。

MEMO

### 生活費が50％を超えた場合の対処法

50／30／20ルールの原則として押さえておくべきなのが、「必要な生活資金」が50％を超えたら「欲しいものを買うためのお金」の割合をしばらく減らす、ということ。例えば子どもが育ち盛りで食費がかさむ場合、それは子どもの成長に必要な支出と捉え、生活費を切り詰めることはしません。そのかわり、他の買い物などを少し我慢するのです。そして「貯金または借金返済」のための20％は、しっかり確保します。

意外と知らない

# 給与と手取りを理解する

給与と手取りの違い、きちんと理解できていますか？
家計管理のためには、大前提となる知識です。

## 1 手取りの仕組み

**額面給与－（社会保険料＋税金）**

**＝**

**手取り**

### 給与から税金などが引かれたものが手取り

基本給にさまざまな手当が加わったものが給与で、額面給与や額面ともいいます。そこから社会保険料や税金が控除されたものが、手取り。勤務先によっては、持ち株制度や生命保険の団体契約などで控除額は増えます。そうした場合、手取り額が他の人より少ないからといって不安に感じる必要はありません。強制的に控除されることによって、将来にしっかり備えられている人も多くいるのです。

# ② 控除されるものの種類 社会保険料

## 厚生年金保険料

標準報酬月額の18.3%が保険料。これを会社と個人で折半するので、報酬のおよそ9%が控除されます。標準報酬月額は、4～6月の報酬月額の平均で、これをもとに同年9月～翌年8月に毎月同額の保険料が徴収されるのです。「4～6月はあまり残業しないほうがよい」といわれるのはそのため。ただし、昇給などで報酬額が大幅に変わると、年の途中でも保険料が変更となる場合があります。

## 健康保険料（介護保険料）

標準報酬月額に対し一定率が控除されます。大手企業や、業界団体などに健康保険組合がある場合、負担割合は各組合の規定に準じます。各都道府県の協会けんぽに加入している場合、例えば福岡県は下記の通り。報酬が月額19万5000円～21万0000円なら標準報酬月額は20万0000円で、折半額の通りに報酬から差し引かれます。なお40歳以上は「介護保険第2号被保険者」に該当し、介護保険料分が上乗せされます。

| 標準報酬<br>※等級の（　）は厚生年金保険の標準報酬月額等級 | | 報酬月額 | 全国健康保険協会管掌健康保険料 | | | | 厚生年金保険料<br>（厚生年金基金加入員を除く） | |
|---|---|---|---|---|---|---|---|---|
| | | | 介護保険第2号被保険者に該当しない場合 | | 介護保険第2号被保険者に該当する場合 | | 一般、坑内員・船員 | |
| | | | 10.32% | | 12.11% | | 18.300% | |
| 等級 | 月額 | | 全額 | 折半額 | 全額 | 折半額 | 全額 | 折半額 |
| 1 | 58,000 | ～63,000 | 5,985.6 | 2,992.8 | 7,023.8 | 3,511.9 | | |
| 2 | 68,000 | 63,000～73,000 | 7,017.6 | 3,508.8 | 8,234.8 | 4,117.4 | 16,104.00 | 8,052.00 |
| ≀ | | | | | | | | |
| 17(14) | 200,000 | 195,000～210,000 | 20,640.0 | 10,320.0 | 24,220.0 | 12,110.0 | 36,600.00 | 18,300.00 |
| ≀ | | | | | | | | |

参考：全国健康保険協会「令和2年9月分（10月納付分）からの健康保険・厚生年金保険の保険料額表（福岡県）」

## 雇用保険料

失業手当、育児休業手当や傷病手当など、長期にわたり勤務ができなくなったときのためにあるもの。業種によりますが、原則、個人負担は0.3～0.4%（2020年度）と、それほど大きくありません。

# 税金

## 所得税（≫P238）

国税庁の定める源泉徴収税額に従い源泉徴収されるもので、徴収額は、所得と扶養家族の人数によって決まります。所得が多ければ多いほど、徴収される所得税は増えます。なお、原則、月額８万8000円未満の場合は源泉徴収されません。所得税は年末、個人ごとに本来払うべき額が計算され、年末調整によって過不足が調整されます。

## 住民税

前年の課税所得を基に、原則10％が住民税となります。課税所得とは、給与所得控除後の総所得に対して、医療費控除や配偶者控除といった各種所得控除も差し引いた後の金額。前年分の住民税を、６月～翌年５月の１年間に分けて徴収されます。

MEMO

### 給与とボーナスでは控除されるものが違う

ボーナス（賞与）も、支給額に応じて所得税が源泉徴収されますが、住民税は控除されません。住民税は、前年の所得に応じて毎月の給与から徴収されるのが原則だからです。では、社会保険料はどうでしょうか。2003年度に「総報酬制」が導入されて以降、原則、給与と同様に厚生年金保険料や健康保険料が徴収されます。その額は、社会保険料の計算上の「標準報酬」に基づきます。給与と賞与で、計算する過程に細かい違いはありますが、例えば20万円の月額報酬と20万円の賞与に対して差し引かれる厚生年金保険料と健康保険料は、結果、同程度となります。ただし、加入している健康保険組合や国民健康保険組合によっては、賞与時の扱いが異なります。

## 手取りの簡単な計算方法

# 額面給与－20%程度
# ＝
# おおよその手取り

手取り早見表

| 月給の額面 | おおよその手取り | 月給の額面 | おおよその手取り |
|---|---|---|---|
| 18万円 | 14万4000円 | 28万円 | 22万4000円 |
| 20万円 | 16万0000円 | 30万円 | 24万0000円 |
| 22万円 | 17万6000円 | 35万円 | 28万0000円 |
| 24万円 | 19万2000円 | 40万円 | 32万0000円 |
| 26万円 | 20万8000円 | 45万円 | 36万0000円 |

**差し引かれるのは額面のおよそ20%**

一般的に、額面から20%程度を差し引くとおおよその手取りの額がわかる、と捉えておくとよさそうです。例えば、額面が30万円であればその20%の6万円程度が控除され、手取りは24万円程度になるのでは、ということ。あくまで、目安の計算方法として覚えておいてください。他の人と年収(額面)が同じでも、扶養者数や加入している健康保険の違いなどさまざまな理由により、それぞれの手取りの額は異なってきます。

COLUMN

# 結婚にかかるお金のこと②

**単に結婚といっても、P68のようにさまざまな費用がかかります。どんな方法でいくら貯めておくのがいいのか、見てみましょう。**

## 結婚資金の理想的な貯蓄額

何にいくらかけるかは結婚相手と決めるものですが、一般的には400万円ほどあればよさそうです。結婚は２人でするものなので、１人200万円を目標に貯めておけばよいでしょう。では、いくらずつ積み立てていく必要があるのかといえば、当然ながら結婚までの年数によって異なり、目安は下記の通りです。

| 結婚までの年数 | 月額 | 年額 |
| --- | --- | --- |
| **3年** | **5万5555円** | **66万6666円** |
| **5年** | **3万3333円** | **40万0000円** |
| **7年** | **2万3809円** | **28万5714円** |

## 現在の住居別の貯蓄方法

一人暮らしだと、貯金が難しい人も少なくないでしょう。ただし、年２回の賞与があるなら、それをできるだけ貯蓄に回してください。一方で実家暮らしだと、何かと融通が利くでしょう。一定額を実家に納めている人も多いと思いますが、結婚資金が不十分な場合は親御さんに相談して月々の負担額を減らし、将来その分を穴埋めするといった柔軟な対応もできそうです。

## 同棲カップルの貯蓄方法

結婚が視野に入っているなら、どのような結婚をしたいのか決めることが重要。そうして目標額が定まれば、生活費を見直して節約し、それらを結婚資金に回すことができますね。また、当面は今の住居で生活していくのであれば、新居にかかる費用を用意する必要がなく、結婚後の生活費をイメージしやすいというメリットがあり、豪華な式や旅行を実現しやすいでしょう。

結婚資金は、普通預金、定期預金などを中心に貯めてください。海外への新婚旅行を考えているなら、外貨預金や外貨定期預金もよさそうです。反対に、10年程度の長期投資を前提にすべき株式投資などは、結婚資金を貯めるには得策ではありません。

PART 3

# ピンチを乗り越えるための制度を知る

病気やケガで収入を得られない、支出がかさむなどの状況に陥ったときのために、社会保険があります。自分が給付対象だと知らないと損することもあるので、要チェックです。

# Q スキルアップに使うなら、どっちがいい？

## A 一般教育訓練給付金を利用する

パソコン技術や語学習得に！
普段の仕事で役立つスキルを身につける

**給付額が大きいのは専門実践教育訓練給付金**

　自分がどうありたいか、どんな夢や目標をかなえたいか、などを考えるとき、スキルアップを目指す人は多いと思います。ただし、学校に通ったり通信教育を受けたりするならまとまったお金が必要で、自己投資とはいえ家計の負担になることもあるでしょう。そこで教育訓練給付制度を使うと、お得にスキルアップできるかもしれません。

　上記はどちらも、特定の講座を受講する際にその費

# B

# 専門実践教育訓練給付金を利用する

目指せ
介護福祉士
資格を取得して
専門職へ
キャリアアップ

用の一部が給付されるもので、雇用保険の給付制度の一つです（≫Ｐ１４７）。

一般教育訓練給付金の対象となる講座は幅広く、普段の仕事に役立ちそうなものが揃っています。専門実践教育訓練給付金は、職業として専門的・実践的にスキルや知識を身につける講座が対象。前者よりも給付の割合が大きいうえ、資格を取得して無事に就職できると、給付金が上乗せされます。自分の将来に向けて、こうした制度をぜひ利用してみてください。

実は最近、勤めていた会社を辞めちゃったんです。手に職をつけたくて、専門学校に通おうと思っているんですけど、教育訓練給付金なんて知らなかった…。退職してしまった私には、もう関係のない話ですよね？

大丈夫ですよ。離職した翌日から1年以内に受講を始めれば、支給の要件を満たしたことになります。ちなみに、定年退職した、会社員から公務員になった、会社で役員に昇進したなど、雇用保険から外れることになる際はすべて、1年以内であれば支給の対象です。

そうなんですか、よかった！　せっかくのお得な制度だから、ぜひ利用したいです。それじゃあ、給付の対象になっている講座から、自分が受けたいものを選ぶところからスタートですよね？

はい。厚生労働省のWebサイトで、自分の希望する条件で絞り込んで検索ができます。申請手続きはハローワークで行う必要があるので、必要書類を揃えてから、自分の住んでいる地域を管轄しているところへ足を運んでくださいね。

ありがとうございます。資格取得へのやる気がさらに湧いてきました。がんばって勉強したいと思います！

お得な制度を上手に活用しながらレベルアップしていって、人生の次なるステージへ進めるといいですね。応援しています。

見直してみよう

# 社会保険の種類

**病気や失業などで働けなくなったときのセーフティーネットとしてはもちろん、さまざまな形でサポートしてくれる制度があります。**

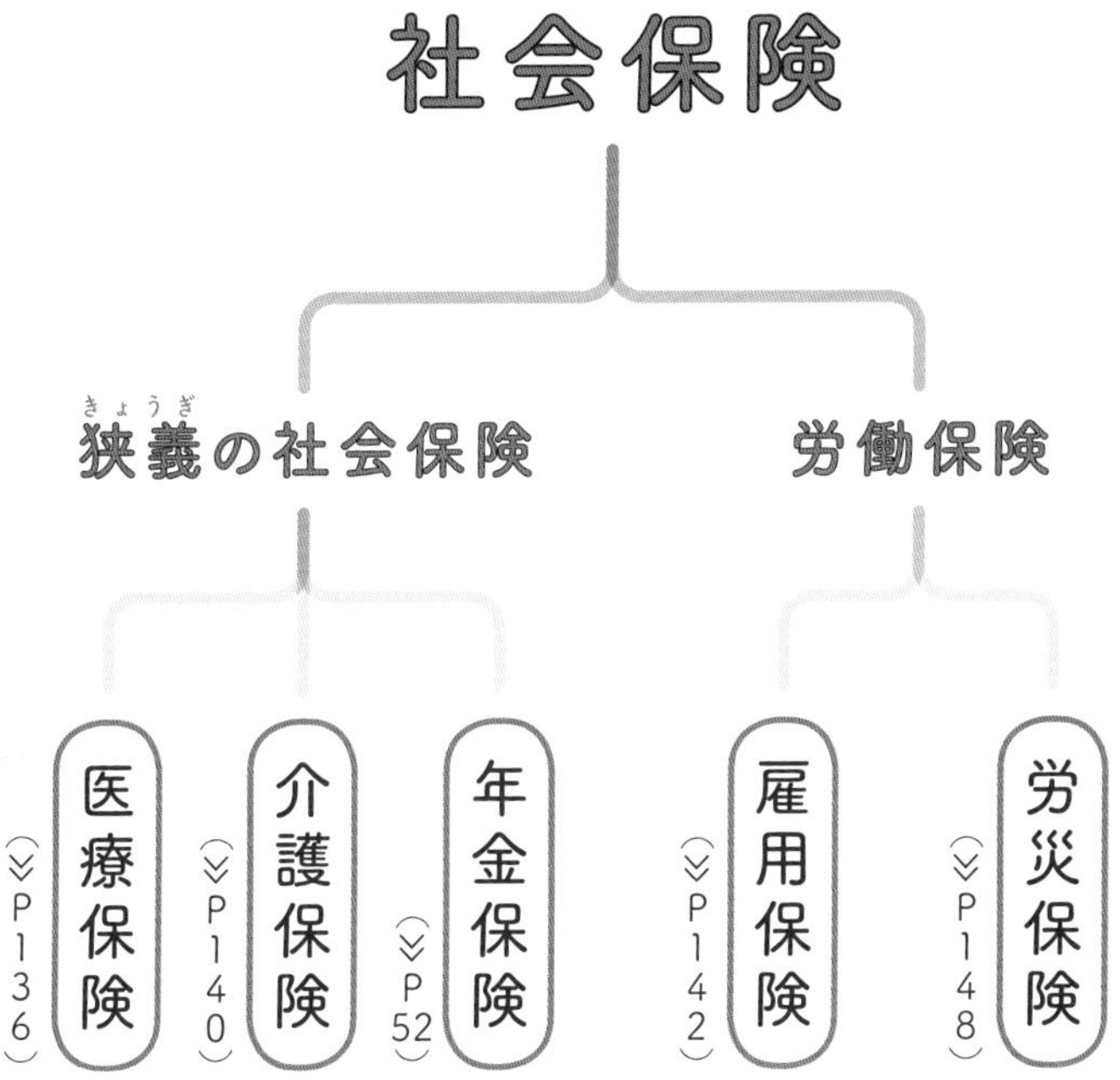

## さまざまな保険制度

社会保険とは、働けなくなったり病気になったりする個人のリスクに備えるための、公的な保険のこと。上記は、会社員や公務員が加入する保険制度を細分化したものです。狭義の社会保険には、病気やケガ、介護、老後などに備えるものがあります。一方、労働保険は、失業や労災に備える保険です。このなかの雇用保険に、教育訓練給付制度も含まれます。これを見ると、私たちが社会保険にどれだけ守られているかがわかりますね。

誰もが加入している

# 医療保険制度（健康保険）のこと

**病院での支払いが一般的に3割負担で済むのは、この制度のおかげ。加入する種類や、役立つシーンをチェックしておきましょう。**

## 全国民に義務付けられている制度

医療保険制度は
大きく2つに分けられる

| 健康保険 | 国民健康保険 |
| --- | --- |
| 組合や協会けんぽが運営 | 市区町村が運営 |

### 勤務先などに応じて加入先が決まる

日本における医療保険制度は「国民皆《かい》保険」といい、全員が加入することになります。子どもは親に養ってもらう立場なので、例えば父親が組合のある会社に勤めているなら、子どももその組合に加入します。上記の通り、健康保険は運営元の種類が2つあります。大手企業や業界などは従業員の数が多く、その家族も合わせるとさらに多くなるため、独自の組合が存在する場合があるのです。

# 加入する医療保険の種類

**勤務先によってはもちろん、退職後は年齢で、加入先が決まります。**

## 健康保険（被用者保険）

### 健康保険組合

主に大企業の従業員、その扶養家族が加入。

### 協会けんぽ

主に中小企業を中心とした従業員、その扶養家族が加入。

### 共済組合

公務員や教職員などと、その扶養家族が加入。

## 国民健康保険

自営業や無職などと、その扶養家族が加入。

雇われている労働者が退職したら、
75歳になるまでは国民健康保険に加入。

## 後期高齢者医療制度

原則75歳以上で加入

参考：日本医師会「日本の医療保険制度の仕組み」

## 年代別の自己負担の割合

社会保険では、医療費の１～３割を自分で負担するように定められています。私たちが医療機関の窓口で支払うのは、この負担分です。割合は、右記の通り年代に応じて異なります。なお、高額療養費制度（»P139）が適用されれば、さらに負担を減らせます。

小学校入学まで **2割** 負担
※自治体によって異なる

小学校入学後から69歳まで **3割** 負担
※小学校入学後でも、自治体によっては医療費の助成が行われている

70歳から74歳まで **2割** 負担
※現役並みの所得がある人は３割負担

75歳以上 **1割** 負担
※現役並みの所得がある人は３割負担

こんなときにも助かる

# 医療保険制度が役立つシーン

**病院の窓口での支払いが3割の自己負担で済むこと以外にも、私たちはさまざまなところで医療保険制度に守られています。**

## シーン 1 子どもが生まれるとき

原則42万円の「出産一時金」がもらえます。病院によって異なりますが、出産のために入院し、お母さんと赤ちゃんが一緒に退院するまで、一般的には約1週間。それにかかるお金が42万円くらいなので、入院・分娩の費用はほとんど負担する必要がありません。加入している組合によっては、数万円が上乗せされるところもあります。

## シーン 2 何日間も働けなくなったとき

給与の代わりに手当がもらえます。出産の場合は、産前6週間、産後8週間を対象に「出産手当金」が、病気やケガの場合は、3日以上欠勤が続いた後、最長で1年6カ月を対象とした「傷病手当金」があります。金額は標準報酬月額の3分の2、つまり、おおよそ1日あたりの給与額の3分の2がもらえるのです。なお、自営業には給与の概念がないため、国民健康保険の加入者は原則対象外です。

## シーン 3 海外で医療機関を受診したとき

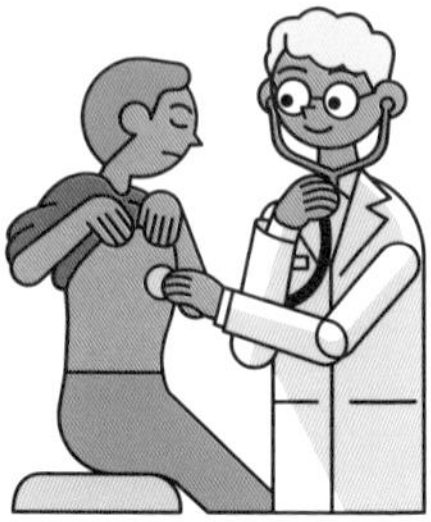

日本の保険証は海外では使えないため、現地で医療費を支払う際は全額を負担しなければなりません。国によっては、ちょっとした歯の治療などでもかなり高額になる場合も…。とはいえ、国内で保険対象となっている治療であれば、医療費の一定額が戻ってきます。帰国したら、すぐに手続きしましょう。

## シーン 4 医療費が高額になったとき

自己負担が3割とはいえ、大きな手術や長期の入院などでは、負担が大きくなることも。そんなときは「高額療養費制度」が助けてくれます。

標準報酬月額が28万～50万円の場合

医療費の自己負担額の上限＝
80,100円＋（総医療費－267,000円）×1%

総医療費（3割負担前）が100万円だったら
80,100円＋（1,000,000円－267,000円）×1%＝87,430円

上記の場合、100万円の3割となれば30万円を負担する必要がありますが、高額療養費制度のおかげで、8万7430円の負担で済みます。事前申請を行えば、一時的に立て替える必要もありません。いったん30万円を支払ったなら、申請することで差額の21万2570円が還付されます。この制度は1カ月単位・同一の医療機関単位で適用されます。例えば、10月に同じ病院に数週間入院していた、というときです。組合によっては「高額」のハードルを2万円や3万円に設定していて、それ以上は負担しなくてよいところもあります。

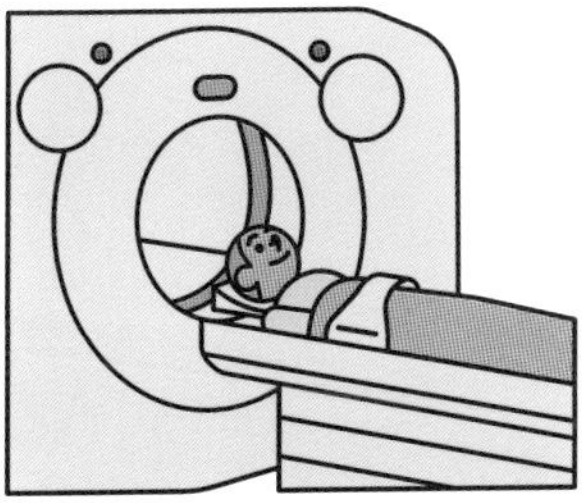

## シーン 5 健康で医者知らず！という人にも

ここ数年、一度も医者にかかっていないという人もいるでしょう。それでも、医療保険の恩恵を受けることはできます。それが、健康診断です。高額な人間ドックなどを、一部負担で受けることも可能です。

**MEMO**

**保険の切り替えを忘れずに**

国民皆保険制度の下では、「全国民」が「絶え間なく」加入する必要があります。転職や脱サラなどによって数カ月、健康保険に加入していなかった…ということは許されません。会社を辞める際は、その後の健康保険をどうすべきか確認しましょう。退職後も最長2年間は、前の会社で加入していた健康保険に引き続き加入できる「任意継続」の制度もあります。

＼超高齢社会で役割が高まる／

# 介護保険制度のこと

保険料の納付のことから、給付の受け方についてまで、
介護保険に関する流れを見ていきましょう。

## 介護を必要とする人の生活を守る制度

介護保険は
40歳以上の人が加入する

| | 年齢 | 保険料 |
|---|---|---|
| 第1号被保険者 | 65歳以上 | 原則、老齢年金から特別徴収される |
| 第2号被保険者 | 40歳以上65歳未満 | 健康保険料に上乗せして徴収される |

### 生活に介助が必要な人も安心して暮らせるように

年を取ったとき、または病気やケガで障害を負ったとき、必要なサービスが受けられるように備えるのが介護保険です。高齢者施設の利用から、福祉用具のレンタル、訪問介護、バリアフリー住宅への改修など、費用の一部を給付してもらえるサービスは多岐にわたります。それまでと同じように動けなくなった人を社会全体で支え、国民が安心して暮らせる社会をつくっているのです。

# 介護が必要になったら

**介護保険の保険料によって、生活をサポートしてもらえます。**

## 要介護認定を受けることで、介護費用の一部が給付される

自分が住む自治体に申請して認定を受けると、認定区分に応じて介護などのサービス費用の一部を給付できるように。自己負担額は、所得額に応じて１～３割です。

**市区町村に申請** → **審査・判定** → **認定・通知** → **サービス利用開始**

訪問調査、主治医の意見書などから情報が集められる

受けたい介護サービスを選ぶと、ケアプランが作成される

| | 認定区分 | 判定の目安 | 支給限度額（月額） |
|---|---|---|---|
| 予防給付（介護予防サービス） | 要支援1 | 基本的には日常生活を自分で送れるが、複雑な動作においては一部で介助が必要。 | 5万320円 |
| | 要支援2 | 基本的には日常生活を自分で送れるが、日常の複雑な動作に介助が必要なことが、要支援１と比べて多い。 | 10万5310円 |
| 介護給付（介護サービス） | 要介護1 | 要支援２よりも運動機能がさらに低下し、思考力や理解力の低下、問題行動がみられることがある。 | 16万7650円 |
| | 要介護2 | 食事や排泄などで部分的な介助が必要で、思考力や理解力の低下、問題行動の度合いが要介護１より進行。 | 19万7050円 |
| | 要介護3 | 基本動作を含めて全面的な介助が必要で、思考力や理解力の低下、問題行動がみられる。 | 27万480円 |
| | 要介護4 | 全面的な介助が必要で、思考力や理解力の低下、問題行動についても要介護３より度合いが進んでいる。 | 30万9380円 |
| | 要介護5 | 介護なしでは生活していけない状態で、意思の疎通も困難になっている状態。 | 36万2170円 |



※支給限度額は、自治体によって異なる場合があります。

＼失業や休職の強い味方／

# 雇用保険制度のこと

先行きが不安な世の中。失業したとき、転職したとき、どんな保障が受けられるのか、雇用保険のイロハを学んでおきましょう。

## 失業したとき頼りにしたい制度

失業手当をもらうための主な条件

### 65歳未満の被保険者

65歳未満（老齢年金の対象ではない人）であり、雇用保険の被保険者であること。

### 失業（離職）日以前の2年間に12カ月以上、保険に加入

退職日以前の２年間に、雇用保険加入期間が通算12カ月（倒産、リストラ、解雇による失業などの場合は６カ月）以上あること。

### 働く意思がある

働こうとする意思があり、ハローワークに求職票を提出するなど、求職のための活動を行っていること。

**生活や再就職をサポートしてもらえる**

雇用保険とは、働く人が何らかの理由で失業してしまったとき、生活を維持し、早く再就職できるよう支援する制度。定年後の再雇用、育児・介護による休業で賃金が低くなった人にも支援が行われます。雇用保険を適用している事業所で働く従業員は強制的に加入し、アルバイトやパートも、１週間の所定労働時間が20時間以上、31日以上引き続き雇用される見込みがあるなどの場合は加入します。

# 自己都合と会社都合による違い

## 退職した理由によって手当に大きな差が出る

会社の倒産や解雇など、会社の都合によって退職した場合は特定受給資格者として優遇されます。自己都合によって退職した場合と比べ、給付金額が多い、給付日数が長い、申請から1週間の待機期間後すぐに失業認定が下りる、といった違いがあります。例えば給付日数は、退職した理由と勤務年数などに応じて下記のように定められています。

自己都合や定年退職の場合の給付日数

| 算定基礎期間（勤務年数） | 給付日数 |
|---|---|
| 1年未満 | — |
| 1年以上 | 90日 |
| 10年以上 | 120日 |
| 20年以上 | 150日 |

**MEMO**

**コロナ禍による失業に対しては**

新型コロナウイルスの感染拡大に伴う緊急事態宣言などの影響を受けて退職する事態に陥った人に対しては、特例措置が適用されます。その場合、給付期間が60日間（一部は30日間）延長されることに。また、コロナ禍によって自己都合で退職した場合も、2カ月の制限期間なく、すぐに手当が受けられるようになりました。

倒産や解雇の場合の給付日数

| 算定基礎期間（勤務年数） | 年齢／給付日数 | | | | |
|---|---|---|---|---|---|
| | 30歳未満 | 30歳以上 35歳未満 | 35歳以上 45歳未満 | 45歳以上 60歳未満 | 60歳以上 65歳未満 |
| 1年未満 | 90日 | 90日 | 90日 | 90日 | 90日 |
| 1年未満 5年未満 | 90日 | 120日 | 150日 | 180日 | 150日 |
| 5年以上 10年未満 | 120日 | 180日 | 180日 | 240日 | 180日 |
| 10年以上 20年未満 | 180日 | 210日 | 240日 | 270日 | 210日 |
| 20年以上 | — | 240日 | 270日 | 330日 | 240日 |

# もらえるタイミングと金額

**退職前の半年分の賃金で手当の日額が決まる**

失業手当の給付額は、雇用保険に加入していた期間と年齢、退職前の半年間にもらった賃金の額によって異なります。それらを踏まえて下記のような流れで計算することで、賃金額がわかります。計算に用いる給付率は、50〜80％と人それぞれなので、実際に自分がいくらもらえるかはハローワークで確認する必要があります。

**1日あたりでもらえる失業手当の給付額（基本手当日額）を算出する流れ**

**STEP 1**
退職前6カ月間の賃金を合計する

ここでは賞与などは計算に含めず、月々の賃金だけで計算する。

**STEP 2**
STEP1の算出額を180で割る
（賃金日額を出す）

1カ月を30日とするので、6カ月は30×6＝180日と考える。こうして、6カ月分の賃金の日額を求める。

**STEP 3**
STEP2の算出額に給付率をかける

給付率は、年齢や賃金額によって80〜50％とさまざま。

失業手当の上限額と下限額

<table>
<tr><th>離職時の年齢</th><th>賃金日額の上限額</th><th>賃金日額の下限額</th><th>基本手当日額の上限額</th><th>基本手当日額の下限額</th></tr>
<tr><td>30歳未満</td><td>1万3700円</td><td rowspan="4">2574円</td><td>6850円</td><td rowspan="4">2059円</td></tr>
<tr><td>30〜44歳</td><td>1万5210円</td><td>7605円</td></tr>
<tr><td>45〜59歳</td><td>1万6740円</td><td>8370円</td></tr>
<tr><td>60〜64歳</td><td>1万5970円</td><td>7186円</td></tr>
</table>

※2020年8月1日以降の認定日について。

# 失業手当の注意点

**必要書類の他、給付が始まる時期などの確認を**

そもそも失業手当を受けるには、ハローワークの窓口を訪ね、必要書類を提出して申請する必要があります。なお、退職手続きで本人が確認・署名捺印した離職証明書は、会社からハローワークに送られます。申請が済んだら待機期間を経て失業認定となりますが、正当な理由がない自己都合で退職した場合は約2カ月待機することになります。

## 失業手当を受給するまでの流れ

STEP 1　退職した会社から離職票、雇用保険被保険者証を受け取る

STEP 2　ハローワークで求職を申し込み、STEP1の書類などを提出する

STEP 3　7日間の待機期間を過ごす
（自己都合で退職した場合、2カ月間の給付制限も加わる）

STEP 4　雇用保険受給者初回説明会に参加し、失業認定日を確認する

STEP 5　初回の失業認定日にハローワークへ行き、失業認定を受ける

→ 失業手当が振り込まれる！

※4週間に一度の失業認定日にハローワークへ行って失業認定を受けることで、継続的に失業手当を受給できる。

上記の手順を踏むことで、失業手当を受給することができます。会社都合の退職でも、実際に手当を受け取るまでには、ハローワークに申請後、早くても約1カ月かかります。受給をなるべく早くするためにも、離職票の届く時期については、必ず退職前に会社へ確認しておきましょう。

**MEMO**

**その他の必要書類**

STEP1の書類に加え、個人番号確認書類（マイナンバーカードもしくは個人番号記載の住民票など）、身元確認書類（マイナンバーカード、運転免許証など）、証明写真2枚、本人名義の預金通帳なども必要です。

こんなときにも助かる

# 雇用保険制度が役立つシーン

**実は、失業した人のためだけの制度ではない雇用保険。
失業時以外の支援について知っておきましょう。**

妊娠・出産で
仕事ができないとき

→

## 育児休業給付
**を受けられる**

1歳未満の子どもを養育するために育児休業を取得した場合、「育児休業給付」を受けることができます。休業前の賃金日額の67％にあたる額が、原則2カ月に1回のペースで支給されます。育児休業の開始から181日目以降の給付額は、賃金日額の50％となります。

家族の介護の
ために仕事を
休むとき

→

## 介護休業給付
**を受けられる**

家族などの介護をする必要があり、そのために仕事を休む場合、「介護休業給付」を受けることができます。これは、休業前の賃金日額の67％にあたる額が、支給対象となった日数分、支給されるものです。最長で93日、3回（合算で93日）までが限度です。

知っていると得する！

# 雇用保険制度の活用術

P132で触れた給付金について、詳しく見てみましょう。
今後の目標が定まったときには、ぜひ利用してみてください。

# 教育訓練給付制度

## 一般教育訓練給付金

| | |
|---|---|
| 支給要件期間* | 原則3年以上 |
| 支給額 | 教育訓練に要した費用の2割（4000円を超えない場合は不支給） |
| 上限額 | **10万**円 |

会社員として働き雇用保険に加入することで、3年に1回は利用できる制度です。初めて利用する場合の支給要件期間は1年なので、早ければ入社後1年で利用可能となります。対象講座は「厚生労働大臣教育訓練講座検索システム」で探すことができ、パソコン技術や語学修得のためのもの、税理士や会計士などの資格取得に向けたものなど多岐にわたります。

## 専門実践教育訓練給付金

| | |
|---|---|
| 支給要件期間* | 原則3年以上 |
| 支給額 | 教育訓練に要した費用の5割 |
| 上限額（原則） | 訓練期間1年で **40万**円<br>訓練期間3年で最大 **120万**円 |

看護師や介護福祉士、社会福祉士などを目指し専門学校に通う場合や、MBA（経営修士学）を取得するためビジネススクールに通う場合などが対象です。1～2年通学する必要のある講座や学校が多く、費用がかさみますが、一般教育訓練給付金以上に手厚い給付金を受け取ることができます。

※受講を修了した翌日から1年以内に、被保険者として雇用された、または、すでに雇用されているなら、教育訓練に要した費用の2割に相当する額が追加で支給される。この場合、教育訓練に要した費用の7割、3年間で最大168万円が支給される。

＊受講開始日までに、同一の事業主に被保険者などとして雇用された期間

＼意外と知らない／

# 労災保険制度のこと

**普段はなかなか意識することがない労災保険。**
**万が一のときに慌てないよう、基本を押さえておきましょう。**

労災給付の種類

| 種類 | 内容 |
|---|---|
| 療養（補償）給付 | 療養のために受診するとき、治療費が全額支払われる。 |
| 休業（補償）給付 | 療養のために仕事ができず休業した場合、給与の60％が支払われる。 |
| 傷病（補償）年金 | 治療から１年６カ月が経っても治癒せず、障病等級の第１～３級に該当する場合、年金が支払われる。 |
| 障害（補償）給付 | 障害が残った場合、障害等級に応じて年金か一時金が支払われる。 |
| 介護（補償）給付 | 障害（補償）給付か傷病（補償）年金を受給し、介護を受けている場合、介護費用が支払われる。 |
| 遺族（補償）給付 | 亡くなった場合、遺族に年金か一時金が支払われる。 |
| 葬祭料（葬祭給付） | 亡くなった人の葬祭を行った人に、葬祭費用が支払われる。 |
| 二次健康診断等給付 | 健康診断で、血圧、血中脂質、血糖、BMIのすべてに異常ありだと二次健康診断などを受けられる。 |

## 勤務・通勤中のケガなどに対する給付制度

### 働く人や家族を労働災害から守る

　勤務中や通勤中の事故、または仕事に関係する事柄がもとで病気やケガをした場合などに、治療費の補償といったサポートをしてくれる、労災保険制度。労働者自身や、万が一の場合にはその遺族の生活を守ります。従業員を雇用する会社は必ず加入するよう義務付けられており、パートやアルバイトも対象。なお、保険料の全額を事業主が負担するという点が、他の社会保険とは大きく異なります。

労災保険の
対象になる？
ならない？

# 勤務中や通勤中に起こった事例

**どんなケースなら労災保険で補償されるのか、見てみましょう。**

## CASE 1 仕事からの帰宅中、友人とカラオケに行き、その際に転倒し骨折した

### 通勤とは関係ないため **労災保険の対象外**

出勤・帰宅中も「通勤災害」として補償の範囲内となりますが、あくまで合理的な通勤経路でのケガや病気であることが条件です。仕事帰りにカラオケに行った時点で「中断」や「逸脱」とみなされ、補償の対象とはなりません。

**MEMO**

**中断や逸脱とはみなされないケース**

通勤中に、コンビニに立ち寄って必要なものを買う、子どもを保育園に送迎するといった、些細な行為や日常的な行為であれば、中断や逸脱とはみなされません。

## CASE 2 喫茶店でのアルバイト中にやけどをし、翌日、自分で病院に行った

### アルバイトも **労災保険の対象**

勤務中にケガをしたのに、上司に報告せずに健康保険証を持って病院に行くと、日常生活中のケガとみなされてしまうことも。アルバイトも労災保険の対象者なので、ためらわずに上司に報告したうえで治療を開始してください。

勤務・通勤によるケガや病気は、まず会社に届け出を！　一般的には、会社が窓口となり対応してくれます。会社側が安全・衛生の管理責任を恐れ労働事故を隠すのは、ルール違反。従業員として毅然と申し出ましょう。

どうしても困ったときに

# 頼りになる公的制度

事業の経営悪化や失業などに陥ったときに利用できる、
さまざまな国の制度についても知っておきましょう。

## リスクに備えた対策を

コロナ禍では、多くの人の生活に、家計に、影響が及んだと思われます。私たちは、このように働けなくなる・収入が途絶えるリスクを踏まえ、今後の家計管理を行わなければなりません。

CASE 1

### 失業して転職活動中で、国民年金保険料が払えない…

### 国民年金保険料の免除・納付猶予制度を検討して

自営業の人、失業中・転職活動中の人など、年金第1号被保険者が対象。前年の所得が少ないなど条件に該当すれば、免除の場合では、保険料が最大で全額免除されます。失業中だと「前年は働いていたので所得基準を満たさないのでは」と心配かもしれませんが、失業者を含む退職者については前年所得をゼロと見なしてくれるので、安心してください。一度、居住する市区町村役場に相談してみましょう。なお、免除や猶予された期間の保険料は、その後10年以内に追納が可能。余裕ができてから、まとめて納めることもできます。

参考：日本年金機構　https://www.nenkin.go.jp/service/kokunen/menjo/20150428.html

MEMO

**国民健康保険の保険料について**

国保の保険料には、免除や猶予制度はありません。ただし、特別な理由がある被保険者に対しては「市町村及び組合は、条例又は規約の定めるところにより、（中略）保険料を減免し、又はその徴収を猶予することができる。」と法律に定めてあります。年金の免除・猶予手続きをする際に、国保の保険料も免除できないか、窓口で確認してみてください。

CASE 2

## 5万円が必要になったけれど、取り崩す貯蓄がない…

### 社会福祉協議会に相談のうえ生活福祉資金を利用して

10万円以内であれば、緊急かつ一時的に生計の維持が困難なときのための「緊急小口資金」が頼りになります。審査基準を満たせば1週間ほどで融資を受けられるうえ、無利子で連帯保証人も必要ありません。これ以外にも、生活再建までの間に必要な生活費用として「総合支援資金」の「生活支援費」をはじめ、社会福祉協議会にはさまざまな生活福祉資金が用意されています。貸付限度額や保証人の有無などはそれぞれですが、困ったときに助けてくれる制度なので、協議会のホームページに掲載されている一覧をチェックしてみてください。

参考：全国社会福祉協議会　https://www.shakyo.or.jp/guide/shikin/seikatsu/index.html
https://www.shakyo.or.jp/guide/shikin/seikatsu/pdf/ichiran_20160128.pdf

CASE 3

## 事業の売り上げが大幅ダウンして赤字に…

### 繰り戻しによる所得税の還付ができると覚えておいて

赤字となった場合は翌年以降3年間、損失を繰り越すことができて将来の税負担を軽減できる、繰越控除という制度は比較的有名です。これとは逆に、損失を前年に繰り戻せる、繰戻し還付という制度もあるのです。前年が黒字で一定の所得税を払っていたけれど、今年になって売り上げが急減し、損失計上となってしまったという場合、前年の所得と通算し、昨年分として払った所得税が還付されます。当然借り入れではないので、返済義務はありません。ただし、青色申告者が対象など、一定の要件があります。この他にも、個人事業主の人は、日本政策金融公庫の融資をはじめ、利用できる制度が充実しています。

参考：国税庁　https://www.nta.go.jp/taxes/tetsuzuki/shinsei/annai/shinkoku/annai/23200002.htm

COLUMN

# 離婚前に知りたいお金のこと①

**ここでは、離婚によって必要になるお金のなかでも養育費について紹介します。子どもの貧困を生まないためにも、重要なものです。**

## 養育費とは

子どもがいる夫婦が離婚すると、そのどちらかが子どもの親権を持ち、子どもと一緒に生活することになります。親権を持たない側は、養育費を一括または分割で払うことで、子どもを扶養するという義務を果たすのです。子どもが成長するうえで必要な費用を負担するのが、養育費の考え方。「子どものため」が大前提なので、親権を持つ側の生活費などは含まれません。なお、親権を持ち養育費を受け取る権利のある側を「権利者」、養育費を払う側を「義務者」ともいいます。

**養育費の中心となるもの** »

- 子どもの生活費全般。食費、衣類代、住居費など
- 子どもが社会人になるための教育費。学校や塾の授業料、部活動の費用など
- 子どもの医療費など

## 金額の基準

例えば、それほど収入の多くない世帯が頻繁に海外旅行をし、習い事を掛け持ちし、家庭教師をつけるのは現実的ではないですよね。その逆も同じで、収入が多ければそれなりの生活・教育レベルが想定されます。離婚しても子どもの生活水準は親の収入がベースとなるため、それにより養育費の額が決まります。額は原則、夫婦で決めることができ、特にルールはありません。

## 金額の決定

いざ養育費の額を決めるとなっても、一筋縄では行かないものです。両親の話し合い（協議）で決まらなかった場合、調停や審判、最終的には裁判という流れになります。そのため、養育費の相場に関して裁判所がどのような見解を示しているのか、ということが重要になってきます。裁判所は額の目安を公表しているので、その一例をP232で紹介します。

PART 4

# 将来のために資産運用をする

ある程度の生活費が確保できたら、将来のための貯蓄を始めましょう。預金や投資には多くの種類があるので、自分に合うものをいくつか見つけて。国の制度も押さえましょう。

# Q お金をもらうなら、どっちがいい？

## A 今、100万円もらう

即100万円ゲット!!
10000
イエーイ
先のことを考えるよりすぐに欲しい

**現在バイアスにとらわれることなく判断できると◎**

おそらく、Aを選んだ人が多いと思います。とにかく今、お金が欲しい。そう考えるのは当然のことです。冷静に考えると、1年待てばもらえる額は10％も増えるのですが…。このように、「将来の利益を軽視し、現在の利益を重視する」ことを、行動経済学では現在バイアスといいます。

ここで質問を少し変えます。20年後に１００万をもらうのと、21年後に１１０万円をもらうのとでは、ど

# B

## 1年後、110万円もらう

ちらがいいですか？「1年の差、10万円の差」に変わりないのですが、20年後と21年後ではもらえるタイミングにそれほど差がないからと、より多くもらえる110万円を選んだ人が多いのではないでしょうか。ずっと先の20年後、21年後を考えると、同じ1年という期間でも差をそれほど重要視しなくなり、単純に金額の大きいほうを選びやすいのです。

　これを踏まえ、私たちはどのようにお金を管理すればいいのか、考えましょう。

今すぐと１年後、20年後と21年後の場合で、答えが変わるのが不思議だね。

本当に。やっぱり、今すぐもらえる100万円は欲しくなりますよね。

１年待てば10万円増えるということは、10％の金利がつくということです。今どきそんな金融商品はどこにもないので、１年後の110万円を選ぶほうがお得です。頭ではそれがわかっていたとしても、人間って、どうしても今を重視してしまうところがあって、今欲しい！というバイアスがかかりやすいんです。

なかなか自己投資ができないのも、そういうバイアスに関係してますか？

そうですね。将来のために今やったほうがいいとわかっていることがあっても、今が楽しいと、このままでいいやと思ってしまいがちですよね。

将来のために行動できる人って、すごいですね…。

考えてみれば、貯蓄をしている人は誰もが、今の欲望に少なからず打ち勝っているんです。お金を使う機会を、将来に先送りしているわけですからね。人間は現在バイアスにとらわれやすいものだと認識したうえで、将来のことを考えながら生活していくことが大切だと思います。

目先の利益に満足しないで！

# 現在バイアスでは お金は貯められない

**お金をきちんと貯めるには、目標の立て方が重要になってきます。それは、まさに今日からできる、考え方のちょっとした転換です。**

## 現在バイアスとは

将来の利益を軽視し、現在の利益を重視すること ➡ お金を上手に貯められない

例えば30歳の人が「老後、年金だけでは生活できないから、2000万円貯めなければ！」と意気込んでも、年金の受給が始まるのは35年後。ずいぶん先のことなので、結局は軽視してしまい、上手に貯めることができない可能性が…。

### 長期的な目標 < 今日の目標

「今日は◯円節約する」「今日使って余った分は貯金へ」など目標を立て、日々繰り返しましょう。節約できるお金は、外食費や交通費などたくさんあります。毎日２本飲んでいる缶ビールを１本にしてその分を貯金するのも、立派な節約。今日からできそうですよね。

## 今日だけ、がんばる

よく「ダイエットは明日から」と聞きますが、「ダイエットは今日だけ」と思って毎日続けることが大切。実際、「今日」に重きを置くと、ダイエットや禁煙は成功するとの指摘があります。禁煙の場合、この先大病しないようにたばこをやめたいと思っても、将来のリスクは軽視しがちで今日の一服が勝ってしまいます。そこで、「今日一日がんばろう」と思うようにするのです。そして翌日も「今日だけ」という意識でがんばってください。これなら長期的な目標達成につながり、貯蓄もうまくいきそうですね。

現在バイアスに惑わされない

# 先取り貯蓄のすすめ

使えるお金がたくさんあると、目先の利益に負けてしまいがち。
自分の意思に関係なく貯蓄できる仕組みを利用しましょう。

## 自分の意思が必要のない貯蓄ルールを作る

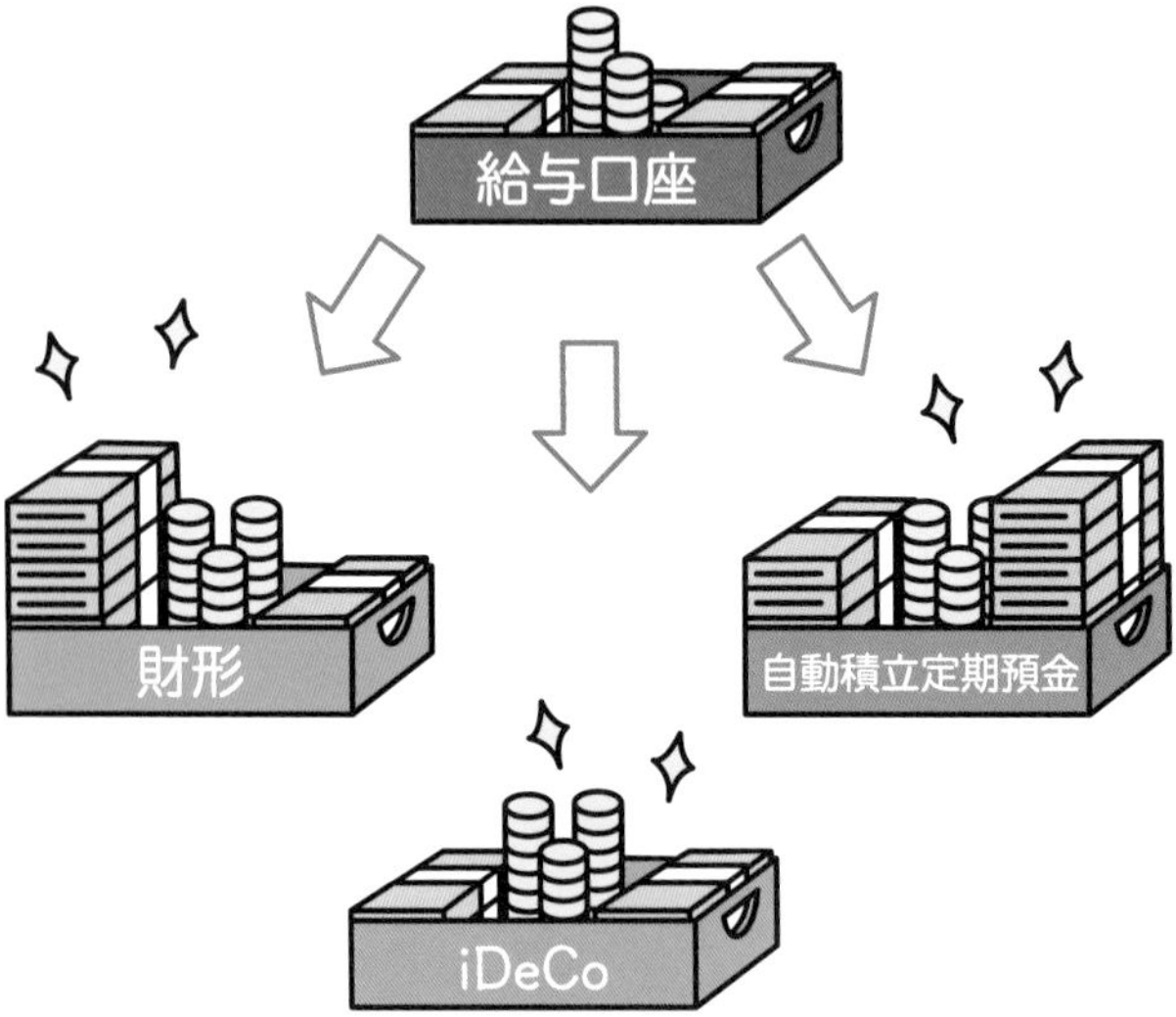


毎月決まった金額が自動で引き落とされる

### 給与から貯蓄分を天引きしてしまう

貯金が苦手な人におすすめしたいのが、先取り貯蓄。給与から貯蓄分を天引きしてしまうことです。決めた額が自動的に給与振込口座から別口座へ移されれば、給与口座に残った分だけで生活費などを賄うことになるので、あれこれ使い込んでしまう心配がありません。こうした先取り貯蓄のサービスは各金融機関で設定されています。いくつか種類があるので、自分に合うタイプを利用しましょう。

# おすすめの先取り貯蓄

## ① 財形

### 勤務先を通じて自動的に預金

勤務先が提携している金融機関の口座に、給与から自動的にお金が振り替えられる仕組み。住宅購入や老後資金など、目的を決めた大きなお金を貯めるのに適していて、会社によっては優遇制度を設けているところもあります。貯蓄目的別に右のような種類があり、住宅・年金財形の利子が元利合計550万円まで非課税扱いとなります。

### 一般財形貯蓄

目的を問わない貯蓄。積立期間は3年以上で、預け入れて1年が経過すれば全額または一部を引き出せる。

### 財形住宅貯蓄

住宅の取得や、75万円を超えるリフォームといった、工事費を目的とする貯蓄。積立期間は5年以上。

### 財形年金

退職後に年金として受け取れる貯蓄。契約時に満55歳未満である必要があり、積立期間は5年以上。

## ② 自動積立定期預金

### 金融機関に申し込んで誰でも利用できる

自動的に普通口座から定期預金に振り替えられるもの。銀行などの各種金融機関で取り扱っているサービスで、勤務先に財形の制度がなくても、誰でもすぐに始めることができます。振替日と金額は自由に設定できるので、振替日を給料日に指定しておけば、貯蓄分のお金を使い込んでしまう心配がありません。

## ③ iDeCo（個人型確定拠出年金）

### 老後の資金として個人で運用する年金

老後資金を準備するために、個人で積み立てて運用する制度です。掛け金や利息などの運用益、また給付の受け取りで税金の優遇がある点が大きなメリット。20歳以上60歳未満なら誰でも加入できます。ただし、原則60歳になるまでは引き出すことのできない、あくまで老後の資金として受け取るものです（»P204）。

一般的にはどれくらい？

# 毎月の平均貯蓄額

P124にある通り、毎月の望ましい貯蓄額は、手取りの20％です。
実際には、どれくらいの人が実践できているのでしょうか。

## 手取りに対する貯蓄の割合は？

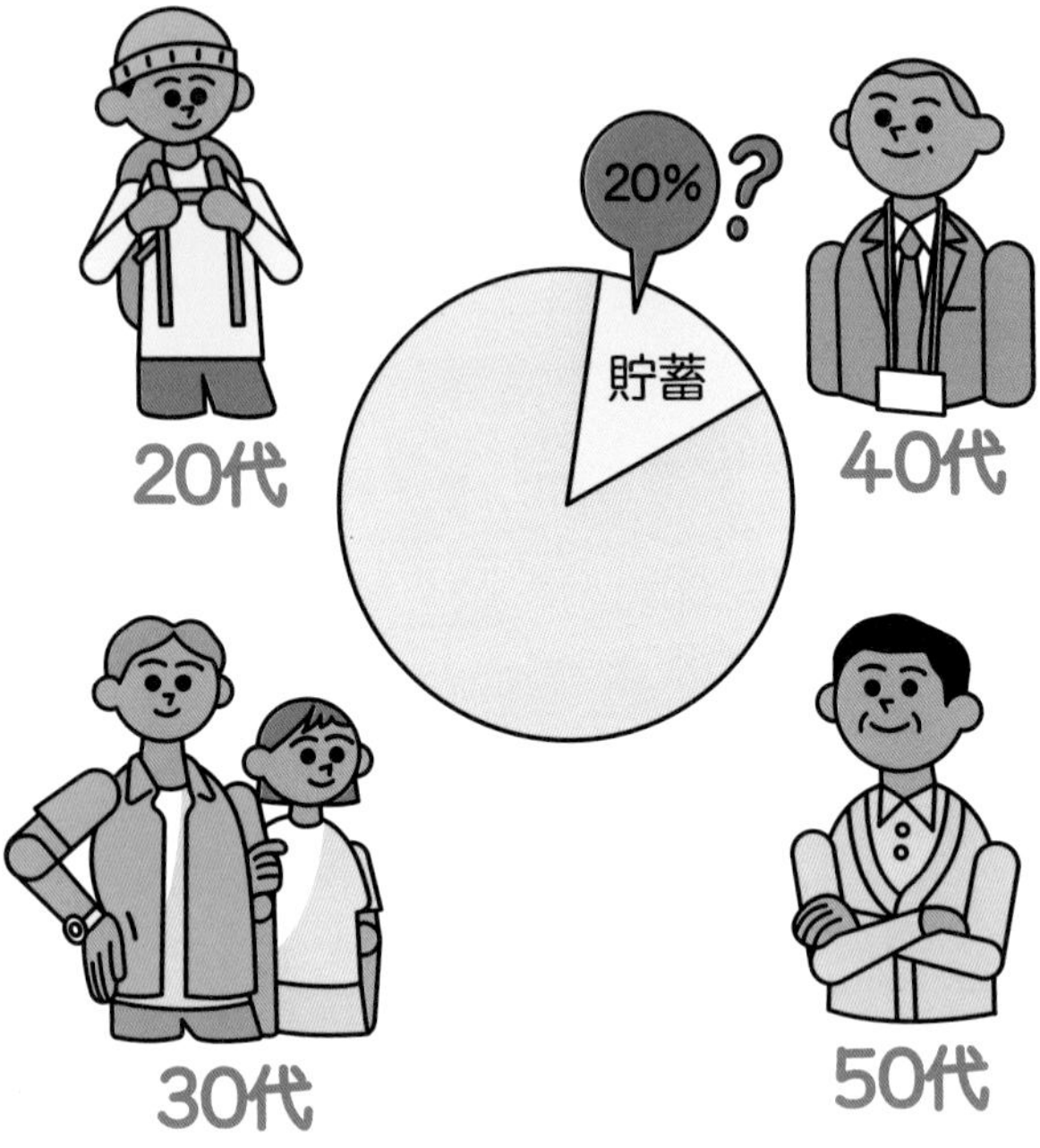


手取りの20％？

### 世論調査から おおよその貯蓄額がわかる

金融広報中央委員会が毎年行っている「家計の金融動向に関する世論調査」を見れば、単身世帯と2人以上の世帯それぞれの、家計の細かい動向を知ることができます。左ページのデータは、金融資産のある人が、手取りからどれくらいの割合を貯蓄に回しているのかを、年代別にまとめたものです。これを見ていくと、あくまで平均値ではありますが、貯蓄額もわかってきます。

## 単身世帯の手取りに対する貯蓄の割合（平均）

| 20歳代 | 30歳代 | 40歳代 | 50歳代 |
|---|---|---|---|
| 16% | 16% | 13% | 10% |

### 結婚などに向け、貯蓄の意識が高い20代

20代では、結婚に向けてお金を貯めなければ！と思っている人も多いのでしょう。例えば年収が400万円の場合、手取りは300万円程度となるため、その16％は48万円。毎月４万円を貯蓄に回していることになります。ちなみに、月々の貯金はほとんどできていなくても、賞与が入ったタイミングでまとめて貯金している、という人もたくさんいると考えられます。

## 2人以上の世帯の手取りに対する貯蓄の割合（平均）

| 20歳代 | 30歳代 | 40歳代 | 50歳代 |
|---|---|---|---|
| 10% | 11% | 9% | 9% |

### 単身世帯と比べると、貯蓄の割合は低め

２人以上の世帯の場合、貯蓄をするという意識は高いものですが、手取りに対する割合は、単身世帯よりも低い傾向にあります。月々十分に貯蓄をしていても、共働き夫婦で収入が多い場合は相対的に貯蓄の比率が下がることから、それも一つの要因と考えられます。一方で、何かと支出が伴い、思うように貯蓄ができていない世帯も多いようです。

出典：金融広報中央委員会「家計の金融行動に関する世論調査」（2019年）

**MEMO**

### 貯蓄は手取りの20％を目標に

上記の調査結果を見ると、あくまで平均値ですが、貯蓄額が手取りの20％に届いている区分はありません。貯蓄額を増やすべく、日々の収支を見直してみてください。貯蓄の割合が低い背景には、社会保障制度が整備されている日本の国柄もあるかもしれませんが、将来のことは誰にもわかりません。自分を守るために、手取りの20％はしっかり貯蓄しておきたいものです。

# Q 銀行を利用するなら、どっちがいい？

## A 都市銀行や地方銀行

### 運用初心者なら窓口のある銀行が安心

そもそも都市銀行とは、みずほ銀行、三井住友銀行、三菱ＵＦＪ銀行など、いわゆるメガバンクを指します。地方銀行は、本店がある都道府県を中心に、その地方で展開している銀行のこと。ネット銀行は、店舗を持たずインターネット上でサービスを提供する銀行です。

銀行というと、パッと思い浮かぶのは普通預金ですが、外貨預金や投資信託といった、多様な金融商品を取り揃えています。銀行の

# B

## ネット銀行

窓口に行くと、こうした金融商品についても丁寧に説明してもらえ、自分に向く商品についてのアドバイスも受けられます。お金の運用に興味を持ったばかりの人は、店舗を持っている都市銀行や地方銀行を選ぶのが安心だと思います。

一方、ネット銀行は、店舗や人員にかかるコストを抑えた分、金利や手数料の面で有利なのが大きなメリットです。すでにさまざまな金融商品を利用したことがある人は、ネット銀行を選ぶのがお得でしょう。

ネット銀行は、金利が高いからお得！っていうイメージがある。操作に不自由なこともないから、最近はメインバンクとして使ってるよ。

私は、なじみのある地元の銀行が、安心感があって利用しやすいから、ずっとそこを使ってます。

そうですね。どちらの銀行がいいとは、一概にはいえません。ネット銀行は金利や手数料の面で有利で、取り扱い商品の数も多い傾向にあります。一方、店舗を持つ銀行、なかでも地方銀行は、地域に密着していて丁寧に対応してくれます。特に住宅ローンを組む際は住宅購入全般のアドバイスをしてもらえますよ。

なるほど。大きな契約では、地元に根付いた銀行も選択肢に含めると、お得なところを見つけられそうですね。

お得かどうかはもちろんですが、安心感も違ってきますよね。ネット銀行だと、住宅ローンのような借り入れは基本的に郵送でのやり取りだけで完結するので、不安を感じる人もいるかもしれません。

ところで、都市銀行と地方銀行だと、どんな違いがあるんですか？

強いていえば、都市銀行は大都市に本店を置いて全国展開しているため、貸出量・預金量も多く、扱う商品も幅広いです。例えば、遺言と相続の手続きをすべて任せられる遺言信託なども、都市銀行が中心となり展開しています。このように、どんどん新しいビジネスを開拓していくという強みがあると思います。

そもそも何が違う？

# さまざまな種類の金融機関

**店舗を持つ都市銀行や地方銀行、信用金庫、店舗を持たないネット銀行。それぞれの特徴を知り、自分に合うところを利用しましょう。**

## 店舗の利便性、利用料、融資など、自分に合った銀行選びを

貯蓄・運用することを考えれば、金融機関は適当に選ぶべきではありません。自分の生活や、貯蓄のスタイルに合わせて適するところを選びましょう。用途によって使い分けるのもおすすめです。ここでは、下記の通り３種類に分けて紹介します。

### 銀行（店舗）

- 支店やATMが多い
- 窓口で相談に乗ってもらえる
- 預金の金利は低い傾向にある

### 信用金庫

- 地域が限定されている
- 銀行より金利が高く設定されている場合もある
- 地元の人に有利なサービスがある

### ネット銀行

- インターネット上で取引を行う
- 店舗型の銀行よりも金利が高い
- スタッフに直接相談や問い合わせができない

## 銀行選びは自分の状況次第

具体的にどこにお金を預けるとよいのか、よりお金が増える手段を提供してくれるのはどこなのか、気になりますよね。ところが残念ながら「この銀行です！」と断言はできません。「あなたの状況次第」というところでしょうか。ネット銀行は店舗を持たない分、金利や手数料の面ではやや優れているといえます。ただ、私たちの多くは投資や金融商品に詳しくなく、特に専門用語を難しく感じる人が多い現状にあります。例えば「つみたてNISA口座を開設し、自分の限度額の範囲内で、リスクが低めの投資商品を選んで積み立てる」といったことを一人でスムーズにできる人は、ネット銀行も候補にしてください。そうでない場合、最寄りの銀行や、親切で詳しい行員がいる銀行などの店舗へ足を運んでみることをおすすめします。

＼しっかり貯めていこう／

# 知っておきたい 10の預貯金のこと

一口に預貯金といっても、実に多種多様。それぞれの違いを知っていますか？　ここでは、10種類をピックアップして紹介します。

こんなにあるとよくわからない…

## 自分の状況に合わせて種類を使い分ける

### 特徴を知って複数を使い分けよう

預貯金は、誰もが実践できる、最も簡単で身近な貯蓄方法です。預け先としては、各種銀行、ゆうちょ銀行、信用金庫などがあり、種類によって預ける期間や目的、金利などが異なります。それぞれの特徴を分析し、自分の家計の状況や目的に応じた預け先を選びましょう。今は低金利時代なので、商品ごとの大きな金利差は期待できませんが、上手に活用して少しでもお得に貯蓄していきましょう。

郵便はがき

おそれいりますが
切手をお貼り
下さい

1 0 4 - 8 0 1 1

東京都中央区築地
5—3—2

株式会社
朝日新聞出版
生活・文化編集部 行

| | | |
|---|---|---|
| ご住所 〒<br><br>電話 ( ) | | |
| ふりがな<br>お名前 | | |
| Eメールアドレス | | |
| ご職業 | 年齢<br>歳 | 性別<br>男・女 |

このたびは本書をご購読いただきありがとうございます。
今後の企画の参考にさせていただきますので、ご記入のうえ、ご返送下さい。
お送りいただいた方の中から抽選で毎月10名様に図書カードを差し上げます。
当選の発表は、発送をもってかえさせていただきます。

# 愛読者カード

お買い求めの本の書名

お買い求めになった動機は何ですか？（複数回答可）

1. タイトルにひかれて　2. デザインが気に入ったから
3. 内容が良さそうだから　4. 人にすすめられて
5. 新聞・雑誌の広告で（掲載紙誌名　　　）
6. その他（　　　）

表紙　1. 良い　2. ふつう　3. 良くない
定価　1. 安い　2. ふつう　3. 高い

最近関心を持っていること、お読みになりたい本は？

本書に対するご意見・ご感想をお聞かせください

ご感想を広告等、書籍のPRに使わせていただいてもよろしいですか？

1. 実名で可　2. 匿名で可　3. 不可

ご協力ありがとうございました。
尚、ご提供いただきました情報は、個人情報を含まない統計的な資料の作成等に使用します。その他の利用について詳しくは、当社ホームページ
https://publications.asahi.com/company/privacy/ をご覧下さい。

# 流動性預金

## 普通預金 総合口座なら、通帳1冊で4つの機能が使える

いつでも自由に預け入れ・引き出しができ、個人に最も利用されています。預入金額に制限はありません。総合口座にすると、「受け取る」「借りる」「貯める」「支払う」という４つの機能を１冊の通帳で利用できます。多くの銀行の場合、利息が支払われて元金に組み入れられるのは、２月と８月。

**こんな人におすすめ**

- いくつものカードや通帳を使い分けるのが面倒
- さまざまな料金の支払いを一本化したい
- 学生など、初めて銀行口座を開くことを検討している

## 貯蓄預金 いつでも引き出せて、条件次第では金利が有利

普通預金のようにいつでも出し入れができる一方、公共料金などの引き落としや、給与・年金などの振込口座として利用することはできません。残高が一定額以上あれば、普通預金よりも高い金利がつくのが大きな特徴。ただし、低金利が続く現在はその限りではありません。引き落としなどで自動的に目減りすることがない点で、貯蓄向きといえます。

**こんな人におすすめ**

- 普通口座にお金があるとつい使ってしまう
- 余剰資金があまりなく、万一のとき引き出せないのは困る
- これまで貯蓄をしたことがない

**円預金は2つに大別。他にゆうちょ、外貨での貯蓄も**

出し入れが自由な預金を「流動性預金」、決められた預入期間は原則として引き出せない預金を「定期性預金」といいます。前者は、直近の生活費を入れておく、税金や公共料金の引き落とし用口座に設定するなど、日々の暮らしに便利。後者は、金利が相対的に高いので、数年先に使う予定のまとまったお金を入れておくのに適しています。この他、全国各地で利用しやすいゆうちょ銀行での貯金や金利の高い外貨預金など、それぞれにメリットがあります。

## 通知預金 一定期間中、まとまった額のお金を預けるのに向いている

預け入れ後は7日間は据え置くという据置期間があるため、金利は一般的に普通預金よりも高く設定されています。預金額の一部だけを引き出すことは認められないため、お金を引き出したいときには、全額解約する必要があります。解約する場合は、その2日前までに通知しなければならないことから、通知預金と呼ばれています。

**こんな人におすすめ**

- 大きな額が手元にあり、必要になるまでには時間の余裕がある
- お金を少しでも有利に保管しておきたい
- お金が手元にあると、すぐに使ってしまう

## 当座預金 商取引に使われる、手形・小切手の決済用口座

商取引において、現金の代わりにやりとりされる、手形や小切手の決済に使われる預金です。ATMでの利用はできず、銀行の窓口でのみ、預け入れや引き出し（現金化）ができます。当座預金は決済が目的であるため無利息ですが、銀行が破たんしても、預けたお金はペイオフ（預金保険制度）によって全額保護されるところがメリットです。

**こんな人におすすめ**

- 個人事業主
- 事業などにおいて、大きなお金のやりとりがある

**MEMO**

### 初心者も始めやすく、賢く使い回せる流動性預金

特殊な用途に使われる当座預金は別として、出し入れが自由な流動性預金は、これから貯蓄をスタートさせたい人や、お金が手元にあるとすぐ使ってしまう人、余剰資金がそれほどない人でも、抵抗なく使いはじめることができます。加えて、一定金額以上の残高があれば金利が高くなる貯蓄口座や、使い道の決まっている大きな金額を短期間で有利に運用できる通知預金などを賢く使い回すことで、貯蓄効果がアップしそうです。

# 定期性預金

## スーパー定期 300万円以上貯めれば、金利がもっとお得に

預入期間は１カ月～10年で、固定金利。預入金額が300万円以上だと、通常「スーパー定期300」という名称で、有利な利率が適用されます。満期日まで引き出せないのが定期性預金ですが、スーパー定期は一定期間後、一部解約ができます。

**こんな人におすすめ**

- 結婚資金やローンの頭金など、近い将来使い道が決まっているお金がある
- こまめに家計を管理しており、毎月少しでも多く貯蓄したい
- ボーナスなどを無駄遣いせずに貯蓄しておきたい

## 大口定期預金 1000万円以上の大きな額を預けられる預金

スーパー定期と同じく、預入期間は１カ月～10年で固定金利ですが、預入金額が1000万円以上で、単利タイプのみ。金融機関と顧客との交渉で、金利を決められる点が大きな特徴です。ペイオフの保護を受けるには、預金額が１つの金融機関で1000万円を超えないよう、複数の金融機関に分散させて預けること（»P174）。

**こんな人におすすめ**

- 資産がたくさんある
- 遺産や贈与のために貯蓄しておきたい

## 定期積立預金 目的に向かって少額をコツコツ預け入れていく

まとまったお金を一括で預け入れるのではなく、1000円、１万円など額を決めて毎月定期的に預け入れていくもの。満期日を指定するタイプは、６カ月～５年の契約期間が設けられている場合が多く、据置期間があります。最低預入額は、金融機関によってさまざま。普通預金口座からの振り替えを設定しておくと便利です。

**こんな人におすすめ**

- 近い将来にまとまったお金が必要で、それに向けて貯蓄を始めたい
- 給与を天引きする設定にして、確実に貯蓄したい

# その他

## 通常貯金　全国各地のゆうちょのATMで預け入れや引き出しが無料

ゆうちょ銀行における普通預金のこと。預入期間に制限はなく、1円から自由に出し入れできます。ゆうちょ銀行のATMは全国各地にあり、曜日や時間にかかわらず預け入れや引き出しが無料でできて便利。利払いは、4月1日と10月1日。

こんな人におすすめ

- いくつものカードや通帳を使い分けるのが面倒
- 夜間や土日にお金を引き出すことが多い
- 地方に行くことが多い

## 定額貯金　口数単位で預け入れ・引き出しするから、長期運用に◎

ゆうちょ銀行に設けられた預金の一種。預け入れも引き出しも口数単位で行い、一口は1000円、5000円、1万円、5万円、10万円、100万円、300万円です。引き出しは、預入日から起算して6カ月までは原則できず、6カ月経過後は自由。半年複利で10年間運用できます。

こんな人におすすめ

- 浮いたお金をこまめに貯蓄したい
- 万一のときのプール金としても使いたい
- 長期間預けたい

## 外貨預金／外貨定期預金

円預金の金利が低い時代には魅力的な商品

国内銀行の多くで取り扱っている、米ドルやユーロ、豪ドルなど外国通貨での預金。経済情勢に応じて金利は変動するので、始める時点でより有利な通貨を選ぶのがポイントです。両替する際のレート（TTS、TTB）も要チェック。例えば1ドル＝100円でも、TTSが101円なら、実質1円がコストに。金利＋コストで、どの通貨が魅力的か見比べる必要があります。

こんな人におすすめ

- 海外に行くことが多い
- 日本を含め世界の情勢に興味がある
- 株や債券に投資するのには抵抗がある

自分にぴったりな預金がわかる

# 預金の特徴一覧表

ここまでに紹介した10種類の預金の特徴を、一覧にまとめました。



| 種類 | 利 利息について　預 預け入れについて　引 引き出しについて　注 制度上の注意事項 |
|---|---|
| 普通預金 | 利あり　預制限なし　引制限なし　注特になし |
| 貯蓄預金 | 利あり。一定額以上の残高があれば高くなる　預制限なし　引制限なし　注引き落としや振替口座としての利用は不可 |
| 通知預金 | 利あり　預制限なし　引預け入れ後7日間の据置期間あり。引き出すには2日前までに通知し解約　注預金の一部だけの引き出しは不可 |
| 当座預金 | 利なし　預当座預金入金帳を用いる　引手形や小切手など　注窓口でのみ対応可 |
| スーパー定期 | 利あり。固定金利　預期間を設定。300万円以上は利率が有利　引預入日から一定期間経過後に可　注途中解約が不可の場合もある |
| 大口定期預金 | 利あり。金融機関と顧客で決定。単利のみ　預1000万円から。期間を設定　引預入期間の経過後に可　注1000万円を超える預金はペイオフ対象外 |
| 積立定期預金 | 利あり　預金融機関によって金額指定あり。期間を設定　引預入期間と預け入れ後の据置期間の経過後に可　注途中解約が不可の場合もある |
| 通常貯金 | 利あり　預制限なし　引制限なし　注特になし |
| 定額貯金 | 利あり。半年複利で10年間運用　預1000円から可。口数単位　引預入日から6カ月経過後に可。1口の分割不可　注特になし |
| 外貨預金 | 利あり　預金利、両替時のコストが有利な通貨を選択　引預入時より円安なら利益を得やすい　注ペイオフ対象外 |

お金を増やしたいなら

# 銀行に相談したいお金のこと

預金だけでなく、株式や保険など多様な商品も扱う銀行。
具体的にどんなことができるのか、調べてみましょう。

## お金を増やす相談は、まず銀行に

銀行は金融の総合デパート！

### 多種多様な金融商品を取り扱っている銀行

　ほとんどの人にとって、銀行は単に「お金を預けるところ」というイメージだと思います。利用する場合も、ＡＴＭでお金を出し入れするくらいで、他にどんな機能があるか、あまり知らないのではないでしょうか。銀行は、「金融の総合デパート」ともいえるくらい、多種多様な金融商品を取り扱っています。お金を増やすことを考えはじめたら、まず窓口で相談してみるのもいいでしょう。

1つの銀行で

お金を増やす＋リスクに備える！

# 銀行

## お金を増やしたい…

### 円預金以外に外貨預金や投資信託も選択肢に

普通預金や定期預金だけでなく、外貨預金も視野に入れたいもの。また、株式投資といえば証券会社が浮かぶ人は多いと思いますが、銀行も、株式投資信託を中心とした投資商品を取り扱っています。お金を増やすことに興味が出てきたら、ぜひ窓口へ。自分に合う商品について、ゆっくり相談できます。

## 保険に入りたい…

### 商品が幅広くさまざまなリスクに備えられる

多くの銀行が、各保険会社の代理店という位置付けで、終身保険や年金保険といった貯蓄性の高い商品の他、がん保険、医療保険などを幅広く取り扱っています。保険を検討するうえで重要な、貯蓄額や投資のタイプなどを踏まえた、総合的な視点でアドバイスしてもらうことができます。

### ライフプラン全体でお金について考える

お金を貯めたり、投資で増やしたりすることは、ライフプランと切り離しては考えられません。その人の家族構成や年齢、性格、ライフスタイルによっても、適した方法は異なります。リスクに備える保険商品を含め、金融商品を幅広く取り扱っている銀行で相談することは、総合的な視点で考えられるという点で大きな意味があります。どんな商品があるのか、聞くだけでも勉強になるものです。

銀行が破たんしたら…？

# 知っておきたいペイオフ制度

日本では、銀行が破たんしても一定額を保護してもらえます。
その仕組みについて、詳しく見てみましょう。

## 元本1000万円＋利息を保護

### 預金保険制度で公的に補償される

金融機関が破たんした場合、ペイオフ（預金保険制度）によって保護される範囲は、原則として１つの金融機関につき「預金者１人あたり元本１０００万円までと、その利息等」とされています。この金額は保護される額であり、破たんした金融機関の資産状況次第で、払い戻す金額が決まります。また、ペイオフ制度は、外貨預金などに対しては対象外となるので、注意が必要です。

もっと知りたい！ ペイオフQ&A



## Q 1000万円以上預けていたら？

### A 戻ってくるかは銀行の資産状況次第

ペイオフ制度を担う預金保険機構が、破たんした銀行の財務状況に応じて払い戻しの割合を決めます。そのため、1000万円以上の預金に関しては、全額が戻ってくる場合もあれば、一部しか戻ってこない場合もあります。

## Q 家族がそれぞれ預けていたら？

### A 家族のくくりはなく個人ごとに保護

預金者一人ひとりに、元本1000万円までと、その利息が保護されます。家族だからといって、預金がまとめて計算されることはありません。たとえ預金者が赤ちゃんであっても、預金契約者として扱われます。

## Q 同じ金融機関の複数の支店に預けていたら？

### A すべての預金を合計して払戻額を計算

保護されるのは「1口座につき」ではなく「1金融機関につき」。その金融機関内で、預金者の預金は合計されます。1000万円と500万円を別の支店で預金していた場合、ペイオフの対象は、1000万円までと、その利息です。

## Q 複数の金融機関に預けていたら？

### A 金融機関ごとに保護される

預金していた複数の金融機関が、仮にいっぺんに破たんしてしまったとしても、慌てないで大丈夫です。それぞれの金融機関において、元本1000万円までと、その利息が保護されます。

MEMO

**払い戻しに時間がかかる場合も**

払い戻しにかなりの日数を要することもあり、預金が1000万円以内であっても、即座に払い戻しができないといった影響を受けることも想定されます。そんなときは、仮払金として上限の60万円までを引き出すことができます。

今日からすぐできる

# 「つもり貯金」を始めよう

誰でも簡単にできる、おすすめの貯蓄方法がこちら。
ちょっとしたことでお金を浮かせ、無理なく楽しく節約しましょう。

## 「使ったつもり」にできるシーンごとに貯蓄

## 用意するのは預金通帳だけ

### こまめに預け入れて同時に記帳するのがコツ

まず、預金通帳を準備しましょう。複数の口座を持っているなら、どれか1つを「つもり貯金」用にし、そうでない場合、利便性の高い銀行に新規で口座開設してください（今後、通帳の発行は有料化する方向のため、手数料などについては事前に確認を）。そしてその通帳をいつも持ち歩き、左ページのようなシーンのたびに預け入れていくのです。1週間続けると、それなりの節約につながります。

## 例えばこんなシーンで

### バスや電車は使わずに歩く

### 「乗ったつもり!」

区間によっては、1～2駅を30分もかからずに歩けます。これで、100～300円は節約できそう。いい運動になって、ダイエットにも効果的です。

### ランチは手作り弁当にする

### 「外食したつもり!」

1000円、1500円が飛ぶ外食。例えば夕食の残りを使い翌朝お弁当を作れば、ランチ代ほぼゼロ、食材の無駄削減、外食よりヘルシーと、いいことずくめ。

**MEMO**

### 数百円単位でもこまめに入金を

銀行によって異なりますが、通常は、銀行店舗内のATMであれば硬貨も入金できることが多いもの。数百円単位でも預け入れることで、通帳に1行1行印字され、その都度、当然ながら残高が増えていきます。コツコツ取り組んでいることが印字されていく様を見ることで、また次の「つもり貯金」の機会が楽しみになるものです。

### 無理のない範囲で続けて貯金にも健康づくりにも

お酒の「もう1杯」、たばこの「もう1本」を我慢するのも、立派な「つもり貯金」です。コツは、無理をしないこと。楽しく、ストレスを感じず、長く続けることに意味があります。ある程度貯まったら、定期預金に移したり、資産運用に回したりしてもよさそうですね。「つもり貯金」は、食事や運動など、自分自身の健康につながる効果も期待できます。貯蓄できない体質のみならず体も改善されれば、いうことなしです。

# Q 利息を受け取るなら、どっちがお得？

# A 元本だけに対してつく「単利」

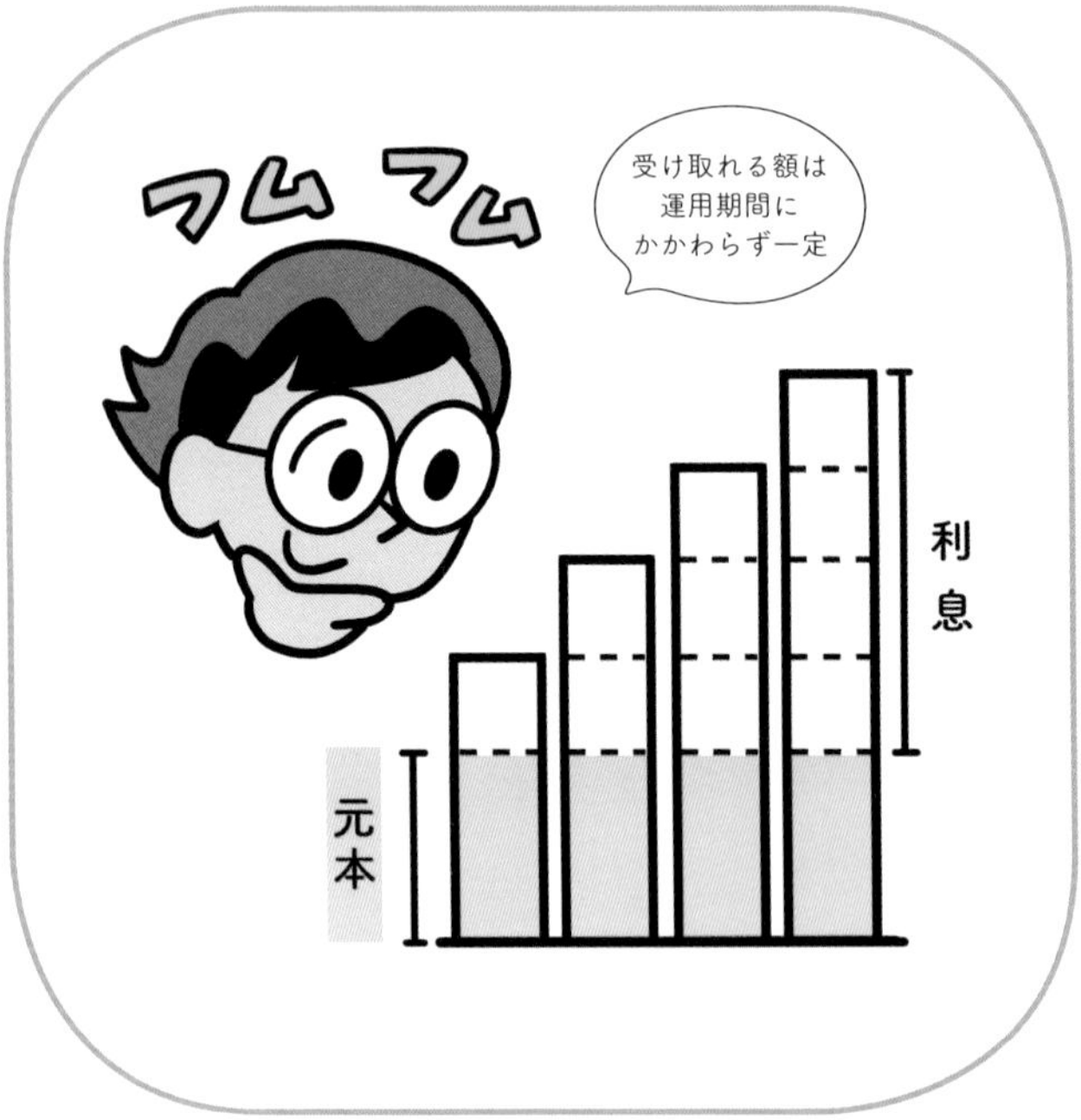
フムフム
受け取れる額は
運用期間に
かかわらず一定
利息
元本

**利息に利息がつく運用を長く続けるほど、お得に**

預貯金の金利や投資信託の分配金などの受け取り方は、２つあります。当初の元本（投資額）に対して発生した利息を単純に受け取る（引き出す）ケースを「単利」といい、受け取った利息を元本に組み入れさらに運用することで「金利にも金利がつく」ようにすることを「複利」といいます。

例えば、１００万円を年利１％で運用する場合で考えてみましょう。１年で１万円の利息がつくこの運用

# B

# 元本とその利息に対してつく「複利」

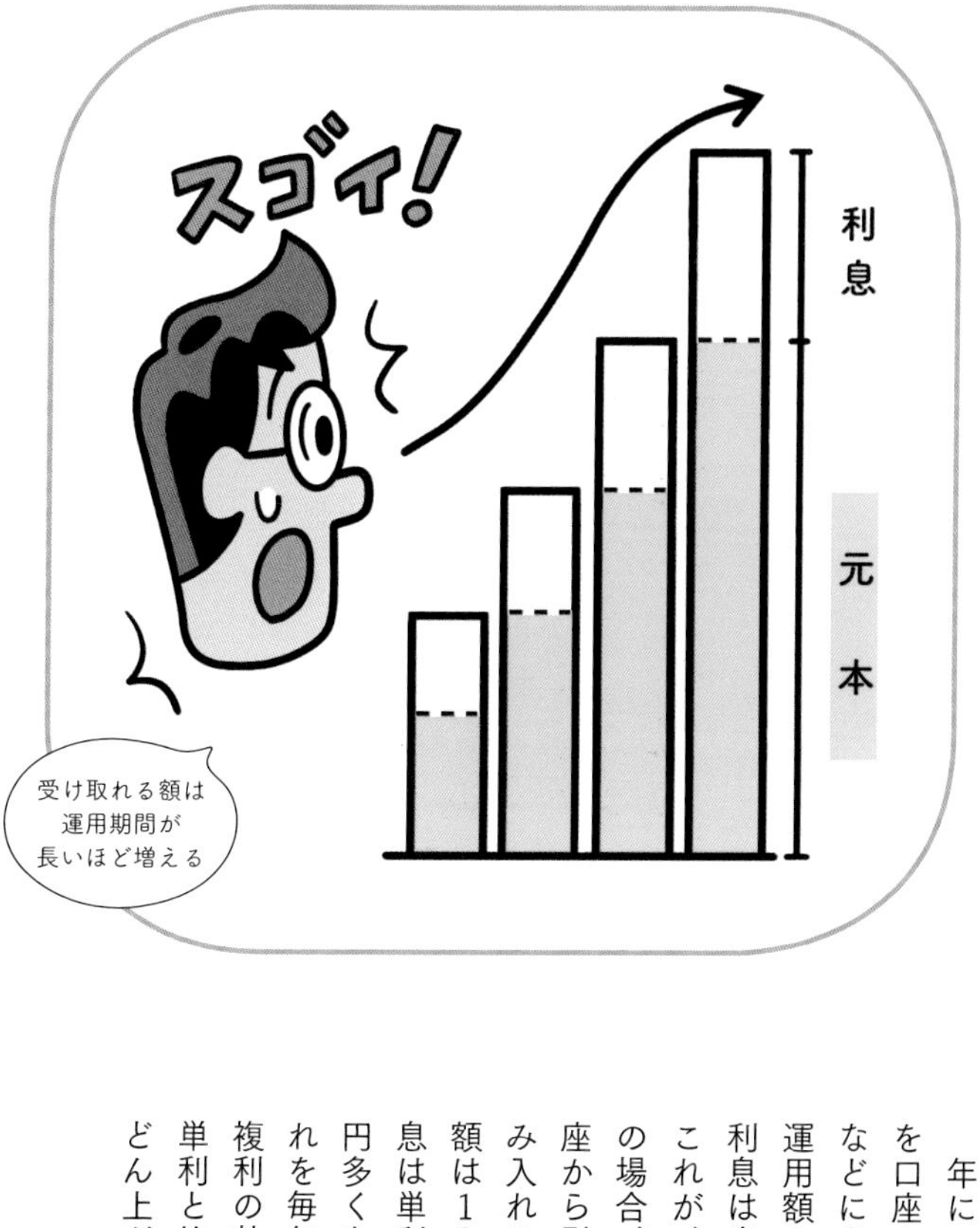
スゴイ!
利息
元本
受け取れる額は
運用期間が
長いほど増える

を、毎年繰り返すとします。

　年に一度、利息の１万円を口座から引き出して食費などにあてたなら、翌年の運用額も１００万円となり、利息は変わらず１万円です。これが、単利。一方で複利の場合、利息の１万円を口座から引き出さず元本に組み入れるので、翌年の運用額は１０１万円となり、利息は単利の場合より１００円多くなります。そしてこれを毎年繰り返していくと、複利の効果が大きくなり、単利と比べて運用益がどんどん上がるわけです。

単利と複利のことって、今まであんまり気にしたことがなかったかも。

これを選択するのって、どんなときですかね…。先生、教えてください！

預金商品のなかには複利型のものがありますが、現在の金利はとても低く、その利息をお得だとは感じられないのが現状です。そこで、投資に目を向けてみましょう。

投資の利息…、株式投資の配当金とか、投資信託の分配金とかですか？

そうです。投資信託でいえば、分配金を「受け取る」つまり単利か、「再投資する」つまり複利かを、選択する必要があります。ここで再投資を選べば、購入できる口数が増えるので、それだけ資産が大きく育ちやすいというわけです。

それじゃあ、投資をするなら絶対に複利を選ぶべきってことになりますね？

それが、一概にそうとはいえません。再投資するということは、受け取れるお金を、再び投資のリスクにさらすことだともいえます。時間をかけて資産を増やしていく複利は、若い世代にはおすすめですが、60～70代にもなれば、利息や配当をコツコツ確実に受け取っていくほうがいいと思います。単利のほうがお得といえるケースもあるんです。

覚えておきたい

# 単利と複利のこと

**長い目で見れば、単利か複利かで貯蓄額は大きく違ってきます。以下のケースで、受け取れる利息を比べてみましょう。**

元本100万円、運用年数10年、年利1％の割合

## 単利

元本だけに対してつく利息。預金の場合、どれだけ長く預けても、最終的に受け取れる利息は一定。

10年間で受け取れる利息と元本の合計は

元本
**100万円＋**
元本　年利　運用年数
**（100万円×0.01×10年）**
**＝1,100,000円**

## 複利

元本とその利息に対してつく利息。預金の場合、長く預けることによって受け取れる利息の額が増えていく。

10年間で受け取れる利息と元本の合計は

元本　(1＋年利)$^{運用年数}$
**100万円＋(1＋0.01)$^{10年}$**
**＝1,104,622円**

複利のほうが**4622円多い！**

同じ年利1％でも、1年に1回利息を受け取るより、半年に1回、0.5％分の利息を受け取る半年複利のほうが、高い複利効果が得られます。さらに、半年よりも3カ月ごと、毎月、毎日…と、利息を元金に組み入れるタイミングが早ければ早いほど複利効果が高まりますよ。

MEMO

### ビジネスや生活でも複利効果を意識

複利効果を意識することは、お金の管理のみならずビジネスや生活にも有効です。取引先を月に1回訪問するのと、10日に1回あいさつだけでもしに出向くのとでは、きっと後者が顔や名前を早く覚えてもらい、良好な関係を築けそうです。また、三日坊主でダイエットや運動などに失敗してしまう人は、一気に負荷をかけるのが原因の一つかもしれません。日々、少しずつできることから行うことで、将来の大きな複利効果につなげてください。

# Q 損益の確率が半々なら、投資する？しない？

## A 10万円の投資で…1万円の値下がり損を見込んで投資しない

**リターンを踏まえた冷静な判断ができると◎**

　これは、金融リテラシー調査で使われた問題です。資産運用が苦手で保守的な人は、「半分の確率で1万円損をする」ことに向き合いたくないかもしれません。ただし、もう半分の確率で利益が生じ、その額は損失の額の2倍、2万円です。

　ここで、「期待収益率」すなわち、資産運用でよく使われる「リターン」という考え方で計算をしてみましょう。

（プラス2万円×50％）＋

# B

## 10万円の投資で…2万円の値上がり益を見込んで投資する

利益を得られる
確率に目を向けて
考えられる

(マイナス1万円×50%)＝プラス5000円

つまり、5000円のリターンが期待できるわけです。金融リテラシーは、知識だけでなく判断力も問われます。冷静に判断し「投資する」と答えられる人が、金融リテラシーの高い人です。投げた硬貨の表裏を当てるゲームでは、数を重ねるほどに表と裏の出る確率は半々になりますよね。よって、確率やそこから得られるリターンを考慮すると、損失を恐れず「投資する」を選んでほしいところです。

投資の経験がないと、損する可能性にばかり目が行って、どうしても怖気づいちゃいます。

そうだよね。もっとポジティブな感覚で投資ができるといいのになぁと思う。

実は、日本人はもともと投資好きだったんです。ハイリスクとされる先物取引の起源は、江戸時代に行われていた米の取引だといわれています。お金に対する日本人の価値観が変わったのは、第二次世界大戦のとき。政府が戦費調達の目的で、国民に貯蓄を奨励したことがきっかけだそうです。

それからずっと、日本人は預貯金をメインに貯蓄し続けているんですね！

とはいえここ数年は、年金2000万円不足問題、iDeCoやつみたてNISAの登場などをきかっけに、若い人を中心に価値観が変わってきています。預貯金だけに頼って投資をしないでいるのは、もったいないと考える人が増えているんです。

そうなんですね！　初心者向けの、投資の方法ってありますか？

確率の話になりますが、まとまった額を一度に投資するのではなく、日々淡々と少しずつ投資していくほうが利益を得やすいでしょう。また、買い物などで貯めたポイントで投資に挑戦するのもいいですね。こうした、リスクを抑えた方法がおすすめです。

高いほうが幸せ？

# 金融リテラシーのこと

**お金の知識や判断力のことを、金融リテラシーといいます。日本と金融リテラシーの高い国を比較すると、こんなことがわかりました。**

## 世界幸福度ランキングと金融リテラシーの関係

P182の設問は、2019年、金融広報中央委員会が日本国民２万5000人を対象とした「金融リテラシー調査」を行った際のものです。その結果、約８割の人が「投資しない」と回答しており、その他の調査項目でもおおむね、諸外国と比べて日本の金融リテラシーは低いことがわかりました。そしてまた別の調査でも、日本の金融リテラシーは調査対象国の144国中38位、先進国のなかではイタリアに次いで下位に位置付けられる結果となっています。

| 国 | 金融リテラシー | 幸福度 |
|---|---|---|
| ノルウェー | 1位 | 5位 |
| デンマーク | 2位 | 2位 |
| スウェーデン | 3位 | 7位 |
| ： | | |
| 日本 | 38位 | 62位 |

出典：金融リテラシーの順位…S&P社「グローバル・ファイナンシャル・リテラシー調査」(2015年)。幸福度の順位…「World Happiness Report 2020」

因果関係まではわかりませんが、金融リテラシーが高い国は幸福度も高いようです。北欧という地域性が影響している可能性があるため、北欧以外で幸福度の高い国カナダ（幸福度11位）の金融リテラシー順位を調べると、全体で５位と、やはりどちらも高い水準でした。

## 金融リテラシーが高い国ほど幸福度が高い！

MEMO

### お金のことを勉強してより幸せに

私たち日本人は多くのモノに囲まれ、便利なサービスを受けられる環境にあり、幸福を感じる機会は少なくないはず。それなのに、なんとなく将来を悲観している人が多い気がします。そんな人は金融リテラシーを高めれば、幸せな気持ちを強く味わえるかもしれません。「お金のことを勉強すれば、より幸せになれる」と思いながら、この先のページも読み進めてくださいね。

＼預貯金＋αで／

# 上手に資産運用してお金を増やそう

金融リテラシーを高め、幸せになるための第一歩として、
金融商品を選択する際の基準を改めて考えてみましょう。

## 株式投資や債券などにも目を向けて

安全性だけでなく
収益性も追求しよう！

### お金の価値に目を向けてさまざまな基準で判断を

日本人が金融商品を選ぶ基準は、圧倒的に安全性です。例えば１００万円が元本保証され、１年後に２万円の利息がつくなら、皆さんは安心して選べると思います。ただし、その間に物価が上昇し、１００万円のモノが１０３万円になったら、１年前に買えたモノが買えなくなります。消費税などの増税も考慮したいもの。そういう点で、お金の価値に目を向け、収益性も追求したいところです。

# 投資の重要性を考える

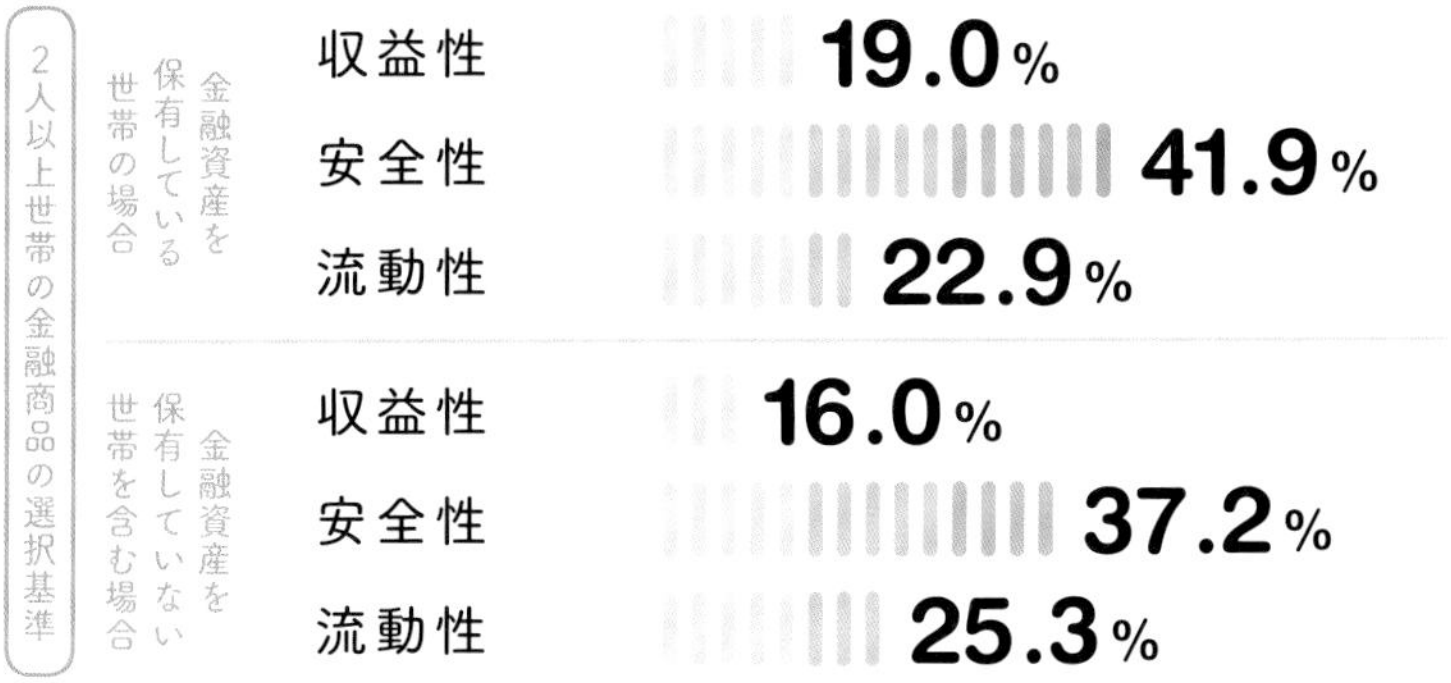


※流動性とは、すぐにお金として利用できること。換金性が高いこと。
出典：金融広報中央委員会「家計の金融行動に関する世論調査」（2019年）

日本人を対象にした調査によると、金融商品の選択基準は、元本が保証されるという理由から安全性が１位で、流動性も、収益性より重視されています。安全性や流動性は銀行預金で十分に得られますが、収益性に関しては株式や投資信託などが必要で、少しハードルが高くなります。お金の管理においては、安全性・流動性・収益性、いずれも大切なので、資産運用にも興味を持ってほしいものです。上記の外国人男性の母国は、幾度となく財政破たんし、その通貨の価値が一気に下落しました。よって、彼は預貯金だけの運用が「怖い」ため、他国のお金や不動産を保有・管理しています。そうしてさまざまな金融商品に資産を分散させるのです。国によって事情は異なりますが、こうした姿勢は少し見習いたいですね。

初めてでも安心

# 投資をする際の心構え

**最も重要なのは、投資への向き合い方・考え方です。
そこでまずは、自分なりの資産運用を模索してみましょう。**

## 1 余剰資金について考える

### 余剰資金
### ＝
### 当面使う予定のないお金

全資産から、向こう数カ月分の生活費や数年以内に使う予定のあるお金を差し引いた額を、余剰資金と考えます。また、賞与が期待以上に多かった、親から一定の贈与を受けた、などのまとまった収入があり、このお金は当面使わなくて大丈夫というのであれば、それらも余剰資金となります。

### 生活費は預貯金で管理、余剰資金は投資で運用

リスクを取るとリターンが期待できるわけですが、過剰にリスク商品ばかり保有してはいけません。現役世代の人は毎月安定した収入があると思いますが、失業や病気など予期せぬ事態で収入が減る可能性も考えられます。そのため、ある程度の生活費は預貯金などの安全資産で管理しましょう。投資は、その余剰資金で行うべき。当面使わなくて大丈夫なお金は、積極的な運用を検討してください。

## 2 いつまでにいくら貯めたいかを決める

### 自分に合った目標を設定すること

例えば、貯蓄額の目標を下記のように立てたとします。年収が高い人や、親からの相続・贈与で多額の資産を持っている人であれば、リスクをさほど取らなくても2000万円の貯蓄が実現するかもしれません。一方で、そうした収入が見込めない人の場合は、それ相応の運用をしたいところです。そのためには、自分に合った目標をいくつか設定することが大切になってきます。

いつまでに

**65歳**までに

いくら貯める

**2000万円**貯める

### 目標に合った投資方法を選ぶことが重要

100mを走るのかフルマラソンを走るのかでは、準備やペース配分などが全く違い、スタート地点に立つ前には距離や自分の体力と相談しますよね。それと同じように、資産運用においてもまずは、目先の目標や大きな目標など、達成したい目標を設定しましょう。

押さえておきたい

# 投資方法の種類とメリット＆デメリット

一口に投資といっても、たくさんの種類があります。自分に合ったものを探すためにも、まずはそれぞれの特徴を見ていきましょう。

## どんな投資方法があるのか把握する

### リスクを管理しつつ楽しく投資できるように

株式投資を筆頭に、債券や外貨預金、FXなど、投資の方法はたくさんあります。近年は、初心者でも始めやすい仕組みが多く登場していて、ぐっと身近なものになってきています。リスク管理をしながら楽しく投資ができるよう、その種類と特徴を簡単にでも知っておきましょう。株の値動きと世の中の動きがどう関連しているのか、などが理解できると、何倍も楽しくなります。

# 株式投資

## 企業に出資して利益の還元を得る

株は、企業が営業活動に必要な資金を集める目的で発行するもの。株を買った投資家は、その企業の株主となります。株による利益には、配当と売却益、それに、企業によっては優待品があります。こうしたリターンを期待できる一方、業績悪化に伴う配当の減少、株価の下落、破たんなどのリスクも引き受けることになるため、企業の業績や株式市場全体の動向も見て、慎重に投資対象を選ぶ必要があります。

### 主なメリット

- 配当や株主優待の恩恵がある
- 株主総会の議決権を得られる
- 投資先が大きく成長すれば、それだけ売却益を得られる

### 主なデメリット

- 株の知識や業界研究が必要
- 投資先の業績悪化で、株価の下落や配当の減額などがある
- 投資先の倒産などがあれば、投資資金が回収できなくなる

### 得られる利益は3種類

**配当**
（インカムゲイン）

企業が営業活動を行ったことで得られた利益の一部が、株主に支払われるもの。もちろん、業績が悪化した場合には、配当が減少したりゼロになったりすることもありえる。

**売却益**
（キャピタルゲイン）

保有している銘柄の株価が購入時よりも上昇したとき、その株を売却することで得られる。1990年代後半のITバブルのように、株価が短期間で数倍、数十倍に上昇することもある。

**優待品**

≫P194

代表的な株式指数

## 日経平均株価

### 日本を代表する企業の株の平均値。日経225ともいう

日本経済新聞社が、東京証券取引所第１部に上場している銘柄から代表的な225銘柄を選び、株価を平均したもので、単位は「円」。対象銘柄の入れ替えなどを定期的に行いながら昭和25年以来継続されていて、過去と現在の相場の動きを容易に比較できます。加重平均ではなく単純平均なので、値《ね》がさ株（株価の高い株式）の影響を受けやすいのが欠点という指摘もあります。

## 東証株価指数（TOPIX《トピックス》）

### 東証第1部の約2000社の時価総額を合計して算出

東京証券取引所第１部に上場している内国普通株式全銘柄について、「個々の株価×株式数」の総額（時価総額）を指数化したもの。昭和43年１月４日の時価総額を100として算出されます。単位は「ポイント」。日経平均株価と並び、日本経済の動向を示しています。すべての銘柄を対象にしている点や、株価ではなく時価総額が用いられる点などが、日経平均株価とは異なります。

## 売買高《ばいばいだか》（出来高《できだか》）

### 株取引がどれくらい活発に行われているかがわかる

売買が成立した株数の総計。ある銘柄に買い100株と売り100株が発注され、その注文が成立すると、売買高100株となります。相場が大幅に下落しているとき、売買高がいつも以上に膨れ上がっているなら、多くの投資家が株価の大底が近いと判断したために買い注文が殺到している、という見方があるなど、市場全体での売買高は相場の目安とされることがあります。

**MEMO**

**株価や業績に加えて、売買高の多さもチェック**

上場している全銘柄の取引が成立（約定）する日は、１年でごくわずか。数日間取引されない、つまり売買高ゼロの状態になる銘柄もあります。この場合、売買したくてもできません（流動性リスク）。初心者は、売買高が多い銘柄から慣れていくのがいいでしょう。いつでも売買できる安心感があり、売買高が多い銘柄のほうが情報量も多く、投資しやすいといえます。

最新の株式投資法

# ポイント投資

買い物などでもらえるポイントを、投資に回すこともできます。SBIネオモバイル証券の、Tポイントで株が買える「ネオモバ」の他、さまざまな企業がサービスを展開中です。こうしたポイント投資は、大きく分けると２種類あります。ポイント運用タイプの一つPayPayは、１円から運用可能。ポイントを自動的に運用する設定にすれば、投資をコツコツ続けられます。投資の元手が「なかったものにできる」ポイントであり少額なので、コースはハイリスク・ハイリターンなほうを選び、積極的にリスクを取るのもいいでしょう。一方、ポイント投資タイプでは、本格的な株式取引ができます。とはいえ、例えばLINE証券ならLINEポイントで数百円から株式を手数料無料で購入できるなど、投資初心者にとって始めやすい仕組みです。

ポイント投資の種類と特徴

| | ポイント運用タイプ | ポイント投資タイプ |
|---|---|---|
| 運用の流れ | ポイント自体が、株などの値動きに連動。引き出してもポイントのまま | ポイントで株などを購入して運用。引き出すと現金化される |
| 投資先 | アクティブコースかバランスコースかの２択など、選択肢が限定的 | 株、投資信託、ETFなど、選択肢が幅広い |
| 口座開設 | 不要 | 必要 |
| 手数料 | 不要 | 必要（購入時は無料など、証券会社による） |
| 代表例（利用するポイント） | ●PayPay（PayPayボーナス）<br>●クレディセゾン（永久不滅ポイント） | ●LINE証券（LINEポイント）<br>●SBIネオモバイル証券（Tポイント） |

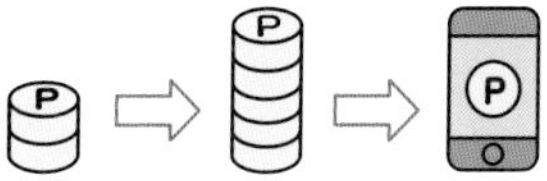


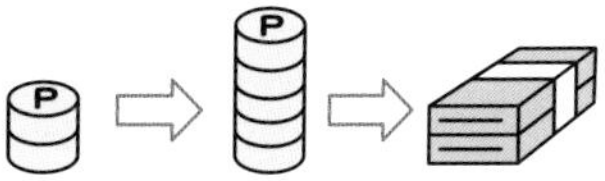

## 教えてFP！

株式投資には少し抵抗も…。
初心者が挑戦するとしたら、
どんなふうに始めるのがいい？

### 株主優待を入り口にするのも一つの方法

例えば100万円を投資に回そうとするなら、気になる企業１～２社の株を10～20万円程度で買うのがおすすめです。残りのお金は、債券や投資信託、外貨預金などに分散を。株の銘柄選びは、自分にとってより身近な企業、よく利用するお店などを対象にするといいかもしれません。加えて、優待品などがもらえれば、投資のメリットを感じやすいはず。ここでは、株主優待制度について詳しく見てみましょう。

## STEP 1 そもそも優待品とは

上場企業の４割程度が実施しているといわれる、株主優待制度。企業が株主に対して、優待品を無料または格安で提供するものです。食品メーカーや日用品メーカーなら自社製品の詰め合わせ、テーマパークなら入場券、航空会社なら割引チケットなど、事業に沿った優待品もあれば、事業とは関係なくQUOカードやおこめ券が優待品になっているケースもあり、種類はさまざま。株主優待オリジナルのグッズを用意している企業もあります。また、企業によっては、株を長期保有するほど優待の内容が充実するので、長期投資につなげることもできます。

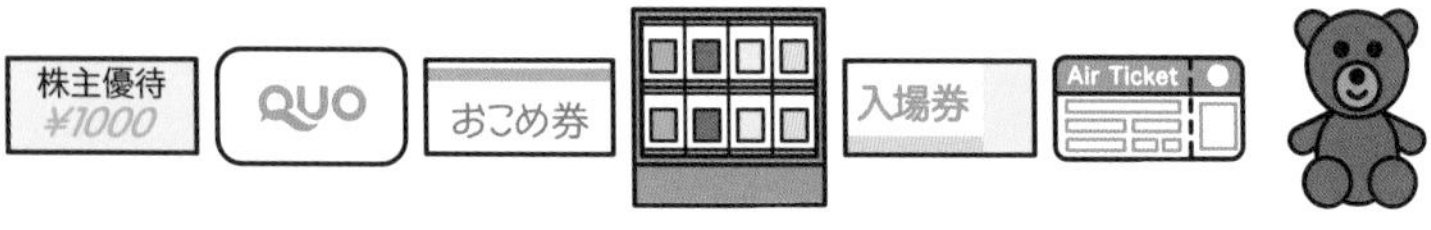

## STEP 2 株主優待利回りで比べてみる

気になる銘柄をいくつかピックアップしたら、株主優待利回りを計算してみるのもいいでしょう。その優待がどれだけお得かがわかり、判断基準の一つになります。下記の銘柄の場合、優待を得るには1200円×200株分=24万円が必要。これに対して3000円分の商品券がもらえるので、3000円÷24万円×100=1.25%が、株主優待利回りです。

## STEP 3 株数と権利確定日に要注意

株主優待を確定する権利確定日は、企業によって異なります。下記の例の場合、3月31日です。ここで押さえておきたいのが、株式取引では売買の注文が成立（約定）した日を含め3営業日後が受渡日である、ということ。そのため、優待に必要な株数を権利確定日の2営業日前までに購入しておく必要があります。土日は証券取引所が休場なので、土日を挟む場合は要注意です。

### ABC株式会社

| | |
|---|---|
| 現在の株価 | **1200**円 |
| 購入単位 | **100**株 |
| 株主優待 | 3月末時点で200株以上を有する株主へ、3000円分の商品券を提供 |

### 権利確定日までに株を保有するには

#### 土日を挟まない場合

| **3月29日**（水）<br>**権利付最終日** | **3月30日**（木） | **3月31日**（金）<br>**権利確定日** |
|---|---|---|
| この日までに200株を買う注文をする必要がある。 | この日に200株を買う注文をしても、今回の優待はもらえない。 | この日までに200株を保有していると、今回の優待がもらえる。 |

#### 土日を挟む場合

| **3月27日**（木）<br>**権利付最終日** | **3月28日**（金） | **3月29日**（土）<br>証券取引所が休場 | **3月30日**（日）<br>証券取引所が休場 | **3月31日**（月）<br>**権利確定日** |
|---|---|---|---|---|
| この日までに200株を買う注文をする必要がある。 | この日に200株を買う注文をしても、今回の優待はもらえない。 | 取引はできない | 取引はできない | この日までに200株を保有していると、今回の優待がもらえる。 |

# 債券

## 国などにお金を貸して利息を得る

債券は、国や企業が資金調達のために発行する借用証書のようなもの。債券を買うことは、その発行体にお金を貸すのと同じです。償還日（満期）までは一定の利息を受け取れて、償還日になると額面（債券に記載の価格）で返還されます。iDeCoで債券型の投資信託を選択する可能性も考え、理解しておきましょう。債券の品揃えは、金融機関によってさまざま。償還日前に売却された既発債も流通しています。

主なメリット

- 安定した利息収入が得られる
- 利率が預貯金よりは高め
- 償還日まで保有すれば、価格変動を意識しなくてよい

主なデメリット

- 大きなリターンは見込めない
- 償還日を待たずに売却すると額面を割り込む場合もある
- 発行体の業績悪化で、元本が戻ってこない場合もある

### 公共債

#### 国債

「国庫債券」の略称。長期国債と呼ばれる10年国債が最もメジャーで、毎月発行されている。現在の金利水準は、ほぼゼロ付近で推移。

#### 地方債

一部の都道府県とすべての政令指定都市が発行する「全国型市場公募地方債」など。種類によって、全国の投資家が購入できるもの、発行団体内の居住者しか購入できないものもある。

#### 政府保証債

日本政策金融公庫や高速道路関係の機関といった政府関係機関などが発行。国債と同等の信用力があるとされる。

### 民間債

#### 社債

民間企業が発行する債券。期間が同じ場合、公共債よりも利率はやや高め。

#### 金融債

特定の金融機関が発行する債券。社債と同様、利率は公共債よりも高い傾向。

MEMO

**中古車に似ている既発債**

既発債は時価で取引される中古車のようなもので、償還日まで残り数年でも利率が魅力なので額面以上の値がつく、といったことも。利率は、多くが固定金利です。

# 投資信託

## 投資のプロに任せて分散投資

株式や債券、国内や国外など、異なる投資対象を組み合わせた金融商品を、ファンドマネジャーに運用してもらうもの。日本株が対象の場合、さまざまな日本企業の株が1つの器に入っているイメージで、少額から分散投資できます。分散投資によってリスクを抑えつつ、それなりのリターンを得ることが可能。信託報酬と呼ばれる年間維持費がかかるため、そのコストに見合った商品を見極めることが大切です。

### 主なメリット

- 少額から投資できる
- 分散投資ができて、リスクを抑えられる
- 商品の種類が多い

### 主なデメリット

- 個別の株式投資と比べると、リターンは低くなりがち
- 個別の株式投資と比べると、信託報酬など手数料がかかる

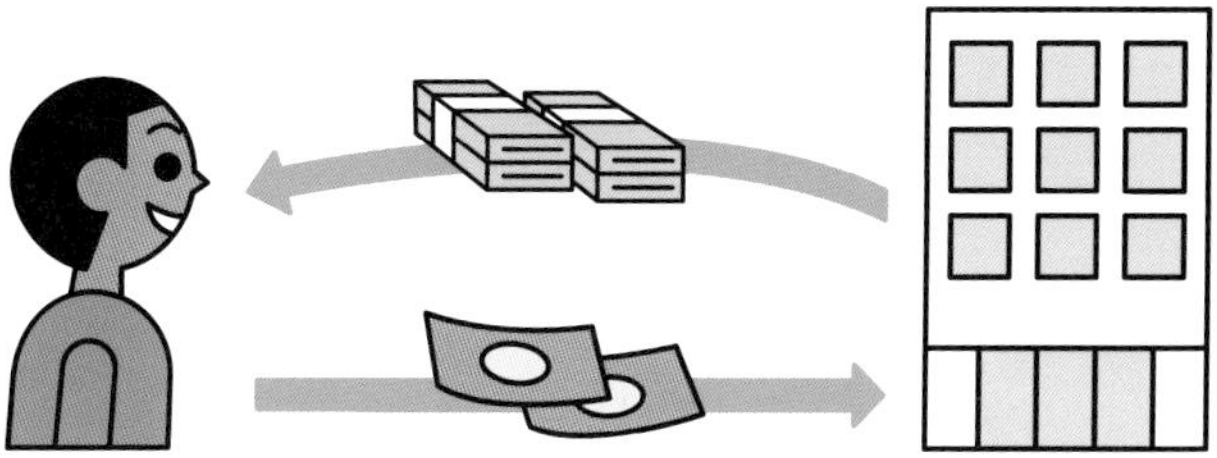

**MEMO**

### 証券取引所に上場する投資信託

株式のように、証券取引所に上場している投資信託もあります。これはETF（イーティーエフ）と呼ばれ、価格がTOPIXや日経平均株価といった株価指数に連動するようになっています。通常の投資信託とは取引形態などが少し異なり、取引時間中はタイムリーに売買が可能。信託報酬は、普通の非上場の投資信託よりも低めです。投資信託は、ETFも含めてどのような商品があるのか探して、タイプの違う複数の商品を購入するのがよいでしょう。

投資信託について、さらに詳しく ≫P216

# 不動産投資信託（REIT《リート》）

## 投資した不動産の賃料などが利益に

不動産を対象とした投資信託。投資家から集めた資金は、オフィスビルや商業施設などさまざまな不動産に投資されます、これによって安定的な家賃収入が期待でき、それらを原資に分配金が支払われます。また、自分でマンションなどの不動産を購入して賃料を得るのと比べて、小口から始めることが可能です。ETFと同様、通常は証券取引所で売買します。

主なメリット

- 小口から始められる
- 分配金が高め
- 株や債券とは違う資産を保有できる

主なデメリット

- 不動産の市況が悪化すると、REITの価格も変動する
- 海外REITは為替リスクがある

# 貴金属（金投資）

## 万国共通の価値がある金に投資する

金融不安や世界的不況下では、株式などのリスク回避が進み、その資金の受け皿として金が買われることがあり、「有事の金」ともいわれます。投資手法は、純金積立や金ETFなどです。金の価値は、世界的に1トロイオンス（31.1035ｇ）あたりの米ドルで表示され、日本ではそれをグラム単位に換算し、そのときのドル円レートで円換算表示。よって、為替相場の影響も受けます。

主なメリット

- 品質が均一で、価値が変わることなく安定している
- 換金性が高い
- 長期間にわたり持っておける

主なデメリット

- 利息や配当は発生しない
- 為替リスクがある

# 変額保険

## 満期金などの額は投資の実績次第

保険会社が投資信託などで運用する、投資性のある保険商品。運用実績次第で、解約金や満期金などが変動します。一定の死亡保険金額は保証されている点が特徴です。保険料のすべてが投資に回されるわけではありません。シンプルに投資をしたいのであれば、投資信託を選ぶのがよいでしょう。一定の保障、保険としてのさまざまな機能に魅力を感じるなら、変額保険はおすすめです。

### 主なメリット

- 死亡保障がついている
- 死亡・高度障害時のリスクに備えながら投資ができる
- 一時払いや月払いなど、さまざまなタイプがある

### 主なデメリット

- 保険料のすべてが投資に回るわけではない
- 満期金、解約金は減る恐れがあり、保険としてはリスキー

# 外貨建て保険

## 保障額も保険料も為替レート次第

米ドルや豪ドルなど、外貨建ての保険。毎月支払う保険料も、為替レート次第で変動するタイプが一般的です。日本よりも金利の高い外貨であれば、その分、運用成果が見込めるため、相対的に保険料が安く、また、高い解約返戻率も期待できる点などが魅力。保障の意味合いが強いもの、投資としての側面が強いものなど、タイプはさまざまで、外資系を中心に、多くの保険会社が取り扱っています。

### 主なメリット

- 金利が高ければ保険料が安く、満期金が増える可能性が高い
- 通貨の分散先として活用できる
- 海外旅行や子どもの留学費用などとしての貯蓄もできる

### 主なデメリット

- 為替変動リスクがある
- 保険料の支払い・受け取りに為替手数料がかかる

# FX（外国為替証拠金取引）

## 為替レートや金利から利益を得る

通貨を安く買って高く売るなどして、為替レートの動きによる差が利益となります。また、高金利の通貨を買えば、金利差による利益（スワップポイント）も。取引は、実際の額ではなく証拠金で行うため、その倍率次第では、少ない証拠金で大きな額を取引できます（レバレッジ取引）。基本的に、24時間いつでも取引が可能。ハイリスク・ハイリターンなので、しっかりとしたリスク管理が必要です。

**主なメリット**

- スワップポイントは毎日受け取れる
- レバレッジ取引で、元金の25倍までの取引ができる

**主なデメリット**

- 短時間に大きな損失を被る可能性がある
- 為替レートに常に目を向けておく必要がある

例えば…

1ドル＝100円のとき 10万円で1000ドルを買う

**円安**

1ドル＝110円
11万円になる → 売る → 1万円の収益

**円高**

1ドル＝90円
9万円になる → 売る → 1万円の損失

**MEMO**

**4円から投資できる**

FXを扱う会社には、1ドル単位で取引が可能なところもあります。1ドル＝100円のときにレバレッジを最大の25倍にすれば、4円の証拠金で取引を行うことができるのです。

この場合、外貨預金だと10万円を用意する必要があり、円安時に引き出すと1%の利益に。一方FXは、25分の1の証拠金、つまり4000円で取引でき、円安時に売れば利益が25%も出ることに。とはいえ、それだけ損失の可能性も大きいので、低倍率・少額から始めてみてください。

# 仮想通貨（暗号資産）

## デジタルデータの価格上昇が利益に

仮想通貨は、日本銀行が管理する日本円などの法定通貨と違い、管理者がおらず、やりとりしたい人同士でやりとりできる、通貨のような価値を持つデジタルデータ。種類は1000を超えます。発行量に上限があるため、今後多くの人に必要とされれば価値はさらに高まると考えられますが、現在その確信はなく、取引価格が大きく変動しています。これを売買して利益を得ようとするのが仮想通貨への投資です。

### 主なメリット

- 値動きが大きいため、ハイリターンを狙える
- 買い物で支払いに使える

### 主なデメリット

- 値動きが大きく、ハイリスク
- 売却益にかかる所得税は累進税率により最大で45％になる
- ハッキングやウイルスによる紛失・流出の危険性がある

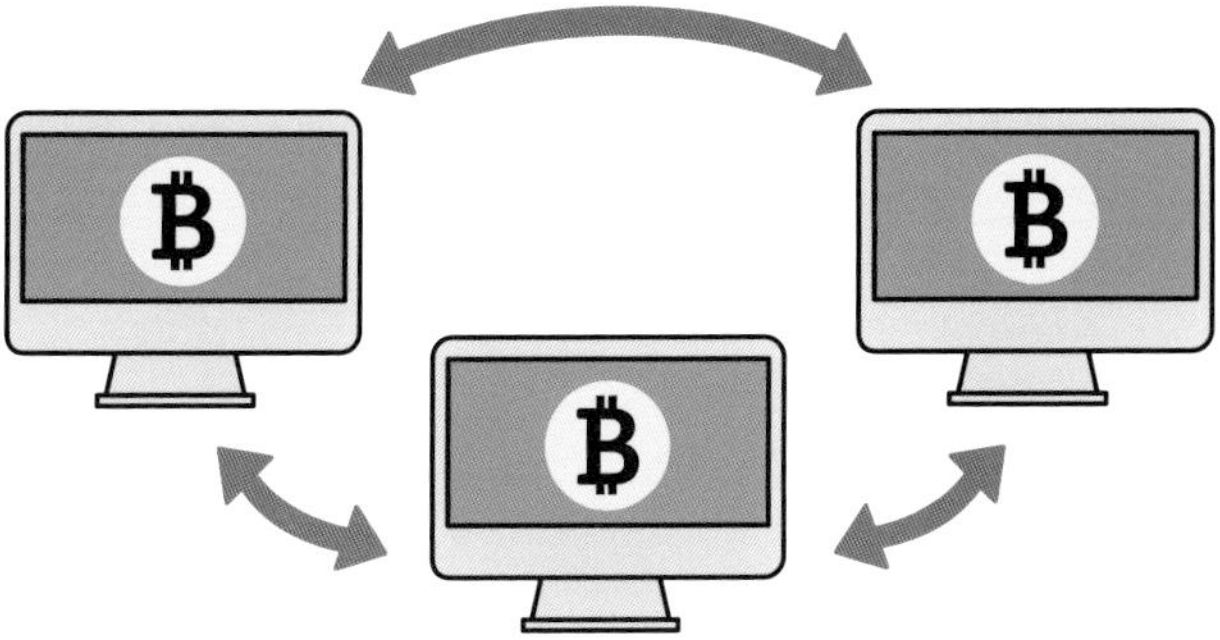

MEMO

### ブロックチェーンとマイニング

ブロックチェーンとは、通貨の取引履歴をブロックとみなし、それらを暗号化してつなげた、信頼性を担保する仕組みのこと。これにより、データ管理のコストを抑えられます。マイニングとは、取引の安全性を確保するための承認システムで、ブロック同士をつなげるための暗号を解くこと。労力のかかる作業ですが、成功すれば報酬として仮想通貨をもらえます。個人、しかも初心者には難しいですが、このマイニングでお金を稼ぐことも可能です。

リスクを上手に抑える

# 投資の黄金ルール

**投資商品は大きく値上がりする魅力がある一方、値下がりのリスクも…。2つのルールを理解し、リスクを抑えた運用をしましょう。**

RULE 1

## ドルコスト平均法を利用する

毎月1万円分の株を購入する場合

| | 株価 | 購入数 | 購入額 |
|---|---|---|---|
| 10月 | 2000円 | 5株 | 1万円 |
| 11月 | 2500円 | 4株 | 1万円 |
| 12月 | 5000円 | 2株 | 1万円 |
| 1月 | 2500円 | 4株 | 1万円 |
| 合計 | | 15株 | 4万円 |

平均取得額は
4万円 ÷ 15株 ＝
約2666円

→ 一定の口数を買った場合よりも**安く買える！**

**株価の変動にとらわれずコツコツ積み立てられる**

毎月一定口数を買う場合、上記の株価なら、4カ月分の平均取得額は4回の株価の平均値、3000円です。一方、毎月一定額を買う場合、上記の購入数の通り、株価が低いときは自然と多くの口数を買い、株価が高いときは少しだけ買うことになり、平均取得額が下がりやすくなります。これを理解しておけば、目先の変動にとらわれず一定額を長期的に積み立てる、のんびりした資産形成が可能です。

RULE 2

# 分散投資で投資対象を増やす

**さまざまな種類の魅力的な金融商品へ分散して投資**

例えば、初めて会う人に弁当を用意するとき、選択肢がトンカツ弁当と幕の内弁当なら、多くの人が後者を選ぶでしょう。種類豊富なおかずが入っていれば、全く食べられないというリスクを回避できます。長期的な資産運用でも同様に、資産を分散させることが重要。普通預金だけでなく、外貨預金、株式や投資信託にも興味を持ってください。上級者になれば不動産投資も対象に入ってきそうです。

肉が苦手だと、弁当自体ほとんど食べられない…。
苦手なものが多少あっても、弁当はおおむね食べられる！

## より魅力的な商品を増やしていく

幕の内弁当を通り越し、重箱入りのおせち料理のようになれば理想的です。単に分散させるだけでなく、より魅力的な商品、高い利回りや値上がりが期待できるものなどを増やしていってください。もちろん、旬のものは時期が過ぎると味がイマイチ…ということになりかねないので、定期的な見直しも必要です。

# Q 老後資金の積み立て、どっちがお得？

## A iDeCo

節税しながら
積み立てて
老後に備える
節税分
節税分

**自分にとってメリットがあるほうを選ぶこと**

人生１００年時代。公的年金だけで、老後の暮らしを支えるのは難しいと考える人も多いでしょう。上記のような制度は、国民それぞれが自分で老後に備えられるよう、国によって設置されました。

ｉＤｅＣｏは個人型の確定拠出年金制度で、掛け金が所得控除され、運用益は非課税になるというものです。運用方法は、元本確保型や投資信託があり、月々の掛け金額とともに自分で

# B

## つみたてNISA

老後はもちろん
教育・住宅のため
にも利用できる

設定できます。あくまで老後の資産づくりが目的なので、積み立てたお金は原則60歳まで引き出せません。

一方、つみたてＮＩＳＡは、少額の長期・積立・分散投資に有利な非課税制度。年間40万円までの一定の投資信託の運用に対し、分配金や売却益の所得税が20年間非課税になります。また、いつでも引き出し可能です。

こうした特徴の違いがあるため、それぞれについて詳しくチェックし、自分がお得だと思える制度を利用して老後に備えましょう。

iDeCoとつみたてNISA、どっちにも加入しているよ。周りにも、始めている人がどんどん増えてきている印象がある。

ここ最近、iDeCoとか、つみたてNISAとか、よく耳にするようになりました！　それで私も興味が出てきたんですけど、よくわからないなと思ったままで放置しちゃってます…。先生としては、始めるならどっちがおすすめとかありますか？

どちらかといえば、私はiDeCoをおすすめしています。拠出するだけで所得控除される、つまり税負担を減らせるというのは、大きなメリットですからね。

税負担が減るのは、つみたてNISAでも同じじゃないんですか？

つみたてNISAは、投資信託によってコツコツ増やした利益を受け取る際に、税金がかからないというものです。長期運用するのが基本なので、一般的には加入してから10年後、20年後、もしくはそれ以上経ってから、非課税の恩恵を受けられることになります。

確かに。そう考えると、iDeCoによる税負担軽減は大きいですね。

そうなんです。iDeCoなら、拠出した時点で、所得控除という恩恵が受けられます。投資信託ではなく定期預金や保険を選択しても同じです。もちろん、無理は禁物。生活に支障のない金額から始めてみてください。

2000万円問題も怖くない

# 老後資金を賢く貯めるコツ

**公的年金だけに頼るのでは、老後を豊かに過ごすことはできません。さまざまなお得な制度について知り、有効活用していきましょう。**

## 国の制度を利用した資産運用の力を借りる

老後資金としては、公的年金とは別に最低でも2000万円が必要…。国がまとめたこんな報告書が、世の中を騒然とさせたこともありました。老後の暮らしを安心して送るには、iDeCoやつみたてNISAなど、国の主導によって設置された制度を利用するのがおすすめです。加えて、自分が支払っている税金を見直したり、今後支払うことになる税金について考えたりすることも有効。そうして、老後に必要な資金を確実に貯めていきましょう。

投信積み立て
iDeCo　つみたてNISA

＋

退職金（※あれば）

＋

公的年金

＋

税金の見直し

↓

十分な老後資金が貯められる！

## 税制改正による制度の変更

iDeCoは2017年、加入対象が現在の形に大きく広げられました。つみたてNISAは2020年、新規積み立ての期限が５年延長されました。こうした制度の改正は、毎年12月に公表される「税制改正大綱」に盛り込まれています。社会情勢などが変化するのに応じて、税制も見直されているのです。iDeCoやつみたてNISAなど国の制度を利用するにあたっては、これから加入しようとする人も、すでに加入している人も、その制度がどのように見直されているのか、チェックするようにしましょう。

iDeCoとつみたてNISAで

# 投信積み立てに挑戦しよう

老後に必要なお金は、できるだけお得に運用できたらいいですよね。
国の制度を利用しながら、賢く資産を増やしていきましょう。

| | iDeCo | つみたてNISA |
| --- | --- | --- |
| 主な商品 | 投資信託、定期預金、保険 | 一定の条件を満たした投資信託、ETF |
| 投資の目的 | リタイア後の資金のため | 車や住宅の購入資金、子どもの教育資金、リタイア後の資金などのため |
| 投資の方法 | 定期的・継続的な購入 | 定期的・継続的な購入 |
| 節税のポイント | 運用益が非課税。掛け金が所得から控除される | 運用益が非課税 |
| 投資できる期間 | 60歳まで（運用は70歳まで可能） | 20年間 |
| 出金できる時期 | 60歳以降 | いつでも |

## それぞれの特徴を理解して賢く運用

### 運用益に税金がかからないから、お得

普通に資産運用をすれば、分配金などの利益には所得税と住民税がかかります。そのため、運用益が非課税であるiDeCoやつみたてNISAを利用するのがどれほどお得かは明らかでしょう。この大きな特徴の他にも、両者には上記のような特色があります。ここからは、それぞれについてのポイントを紹介していきます。それを踏まえ、自分にとってより有利な運用ができるようにしましょう。

# iDeCo
# （個人型確定拠出年金）

**英語表記のindividual-type Defined Contribution pension planの単語の一部をとって、iDeCoという愛称が作られました。**

## 老後資金として月々5000円から運用できる

掛け金は月々5000円から、1000円単位で拠出できます。下記のように、会社員や自営業など職業によって上限額の定めに違いがありますが、原則、公的年金制度に加入している人は、その上乗せとして加入ができます。

| 加入資格 | | 拠出限度額 |
|---|---|---|
| （第1号被保険者）自営業者など | | 月額 **6万8000** 円（年額81万6000円） |
| （第2号被保険者）会社員・公務員など | 会社に企業年金がない会社員 | 月額 **2万3000** 円（年額27万6000円） |
| | 企業型確定拠出年金に加入している会社員 | 月額 **2万0000** 円（年額24万0000円） |
| | 確定給付年金（厚生年金基金）と企業型確定拠出年金に加入している会社員 | 月額 **1万2000** 円（年額14万4000円） |
| | 確定給付年金（厚生年金基金）に加入している会社員 | |
| | 公務員など | |
| （第3号被保険者）専業主婦（主夫） | | 月額 **2万3000** 円（年額27万6000円） |

ここでは、2021年1月現在の制度について解説しています。

# iDeCoを理解するうえで大切な3つの基本

税制メリットの話題が取り上げられることの多いiDeCoですが、
まずは、基本的なことを3つ確認しておきましょう。

## 1 確定しているのは「給付額」ではなく「拠出額」

従前の退職金や企業年金制度には「確定給付」の制度もあります。この場合は給付額が確定していて、例えば、30年勤続したら60歳時に2000万円もらえるというように、将来受け取る金額が確定しています。一方、iDeCoは「確定拠出型年金」なので、給付額ではなく、毎月（毎年）拠出する金額が確定しているのです。つまり、将来いくらもらえるのかは、わかりません。

## 2 自ら積立方法や運用方法を選ぶ必要がある

拠出額をどのように運用するか、いくら拠出するか、そしてどこで見直しをするか。これらはすべて、加入者次第です。安全性を追求したいのであれば、定期預金などの元本確保型商品で運用することも可能ですし、株式投資信託を中心に選んでリスクを取り、積極的にリターンを追求することもできます。よって、投資の知識があり、投資商品を見極めることができ、景気や相場を予測する力があるほうが、運用において有利です。少なくともiDeCoを始める前には、リスクとリターンの関係や、株式と債券の違いといった、投資の基礎知識は確認しておきたいところです（»P216）。

## 3 60歳以降に一括または分割で受け取れる

最も気をつけなければならないのが、60歳というゴールがあること。iDeCoは60歳までコツコツ積み立てることができ、60歳になると一括または分割で受け取れます。すぐに必要ない場合には、最長で70歳まで運用し続けることも可能。言い換えれば、60歳までは原則、引き出せないのです。例えば、第１号被保険者の人は月額６万8000円まで加入できますが（»P209）、この額を無理して拠出していると、生活費や教育費、場合によっては事業資金などが不足する事態に陥るかもしれません。もしそうなってしまっても、それまでの積立金を使うことはできないのです。iDeCoの拠出額は、老後と目先の資金のバランスを意識して決めてください。なお、積み立ての停止や再開はいつでもでき、拠出額の変更は5000円以上1000円単位で、年に１回行えます。家計に余裕があるときとないときで、拠出額を増減させるのも一つの方法です。

ここでは、2021年１月現在の制度について解説しています。

# レンタカーを借りる流れでiDeCoを理解してみよう

iDeCoの始め方は、レンタカーの借り方に似ています。まずやるべきは、iDeCoに対応可能な金融機関のなかから、コストやサービスを比較して１社を選ぶこと。そして、取り扱われている商品のなかから、自分の運用方法に適したものを選ぶことです。旅行するときのように楽しく、iDeCoの加入先を見つけてください。ちなみに、投資は10年ほどの期間がある場合を一般的に「長期投資」というため、多くの人にとってiDeCoは「超長期投資」です。長期になればなるほど、リスクを抑えられて一定のリターンを得られるというのが、投資のセオリーです。

レンタカー

↓

**iDeCo**

（サービス全体を指す）

レンタカー会社

↓

**金融機関**

（サービスの提供先）

車

↓

**投資信託などの金融商品**

（具体的に利用する商品）

旅先でレンタカーが必要でレンタカー会社を調べたら、空港近くの〇〇レンタカーが便利そうだ。問い合わせて、使用料がリーズナブルで燃費もよさそうな普通車の△△を選ぼう

置き換えると…

»

老後のためにiDeCoを始めたくて金融機関を調べたら、最寄りの〇〇銀行の説明が丁寧だった。申し込みして、△△ファンドを毎月１万円ずつ積み立てていこう

# 節税効果は？ iDeCoの税制メリット3つ

大きく分けると、掛け金を拠出する際、運用している際、積立金を受け取る際において、税制メリットがあります。

## 1 掛け金が全額、所得控除となる

掛け金は「小規模企業共済等掛金控除」として、所得税・住民税の計算上、全額が所得控除に。これは節税につながります。その一例が、下記の通り。掛け金に対して、これほど税金負担が減るのは効率的です。また、児童手当に関するメリットも考えられます。所得が多くて児童手当を受けられなかった人は、iDeCoに加入して判定所得が下がることで、手当をもらえるようになるかもしれません。(» P36)。一方で、所得税や住民税の負担が生じない範囲で働いているパートの人や専業主婦などは、そもそも節税する対象がないため、所得控除のメリットを受けることはありません。

例えば…

所得額に対し所得税が10%、住民税が10%の人が、iDeCoに月額1万円（年額12万円）を拠出

»

所得税 **1万2000** 円　住民税 **1万2000** 円

合計 **2万4000円** の節税に！

## 2 運用益が非課税になる

加入者のリスク許容度に応じて、元本確保型である預貯金・保険系の商品、または投資信託といった投資系商品のなかから、1つないし複数を選んで積み立てていくiDeCo。株式投資信託などを選んだ場合、当然リスクはありますが、大きな利益も期待できます。そして、株式投資信託などによって利益が出たときには、下記のようにそのファンドをすべて売却して別のファンドに切り替え（スイッチング）ても、一切課税されません。何度スイッチングしても課税されないため、税金のことを気にすることなく、運用の見直しを行うことができます。

例えば…

100万円を拠出して運用益が30万円あるAファンドをすべて売却し、Bファンドにスイッチング

»

通常の株式投資などでは、売却した際の利益に20.315%の所得税・住民税が課税される…

iDeCoでは、一切 **課税されない！**

## 3 一時金で受け取ると退職所得になる

加入期間が10年以上で60歳に到達すると、70歳までの間に一時金または分割で受け取れます。iDeCoは老後に向けた退職金と同じような位置付けなので、一時金で受け取った場合は退職所得となります。下記の通り退職所得は勤続年数に応じて控除額が変わり、この金額が大きく、さらには控除後の所得を半分（1/2課税）にして累進税率が適用されるため、一時金で受け取ると一般的に有利といわれています。自営業者や専業主婦など退職金制度がない人も、iDeCoによって退職金を用意でき、税務上も退職所得となり大変有利です。ちなみに自営業の人などは、加入期間＝勤続年数とみなされます。

**退職所得控除**

勤続年数20年まででは1年あたり ≫ **40万**円

勤続年数20年超からは1年あたり ≫ **70万**円

例えば…

**勤続年数が30年**

40万円×20＋70万円×10＝ **1500万**円まで

**勤続年数が40年**

40万円×20＋70万円×20＝ **2200万**円まで

**税金がかからない！**

※一時金で受け取った場合。分割で受け取ると「雑所得」として別の課税関係が生じる。

こんなところに注意して！

## 退職金＋iDeCoの受け取りで、税負担の可能性も

会社員の人が30年勤務して退職金1500万円を受け取った場合、上記の通り、税負担は生じません。ただし、iDeCoの一時金500万円を同じ年に受け取ると、退職所得は2000万円とみなされて退職所得が発生します。なお、退職所得の税率は累進税率で、所得が大きくなるほど税率は高くなります。そこで、iDeCoは分割して数年かけて受け取って雑所得扱いにする方法や、勤務先からの退職金とiDeCoの一時金を一定年数ずらして受け取る方法などを選ぶこともできます。とはいえ今後、税制が変わる可能性もあるので、「退職金とiDeCoを同年中に受け取る際は、事前に税金についてチェック」と覚えておけば十分です。

# つみたてNISA

**2018年１月にスタートした非課税制度です。**
**一般NISAとはタイプが少し異なるので、比較しながら解説します。**

## 老後資金として
## コツコツ積み立てるのが前提

少額を長期的にコツコツ積み立てることが前提なので、ドルコスト平均法（»P202）が機能し、老後資金準備に最適です。つみたてNISAは、「どんな運用方針で臨むか」が重要。資産運用の基礎でもある、国内外や株と債券のバランスなどを意識しましょう。

### 3つのポイント

### 1 非課税期間が20年

一般NISAは５年ですが、つみたてNISAは20年。長期でじっくり非課税の恩恵を受けながら運用できるので、老後資金準備に活用しやすいといえます。

### 3 非課税枠は毎年40万円まで

毎年120万円までの一般NISAに比べると少額ですが、最大20年間投資できるため、非課税で保有できる投資総額は最大800万円（40万円×20年）。総額では、一般NISAの600万円（120万円×５年）よりも多くなります。

### 2 商品が長期・分散投資に最適

つみたてNISAの肝といえる部分です。手数料水準が一定以下など、金融庁の定める基準を満たした公募株式投資信託と上場投資信託（ETF»P197）が対象商品なので、投資初心者でも安心して銘柄を選べます。詳細は、金融庁の「NISA特設ウェブサイト」に掲載されています。

### 節税効果は？

## 非課税期間中に受け取る分配金や売却益が非課税

通常の株式投資などで利益が出ると、所得税と住民税を合わせて20.315%が課税されます。それがつみたてNISAでは、非課税期間である20年の間0%になるのですから、非常にお得です。

こんなところに注意して！

## ロールオーバーができない

一般NISAで保有している金融商品を、非課税期間の5年が終了した際に翌年の非課税枠に移行することをロールオーバーといいます。つみたてNISAの場合、これができません。

そのため、つみたてNISAでは長期投資でのんびり向き合いながら積み立てを行い、資産形成することができるといえます。

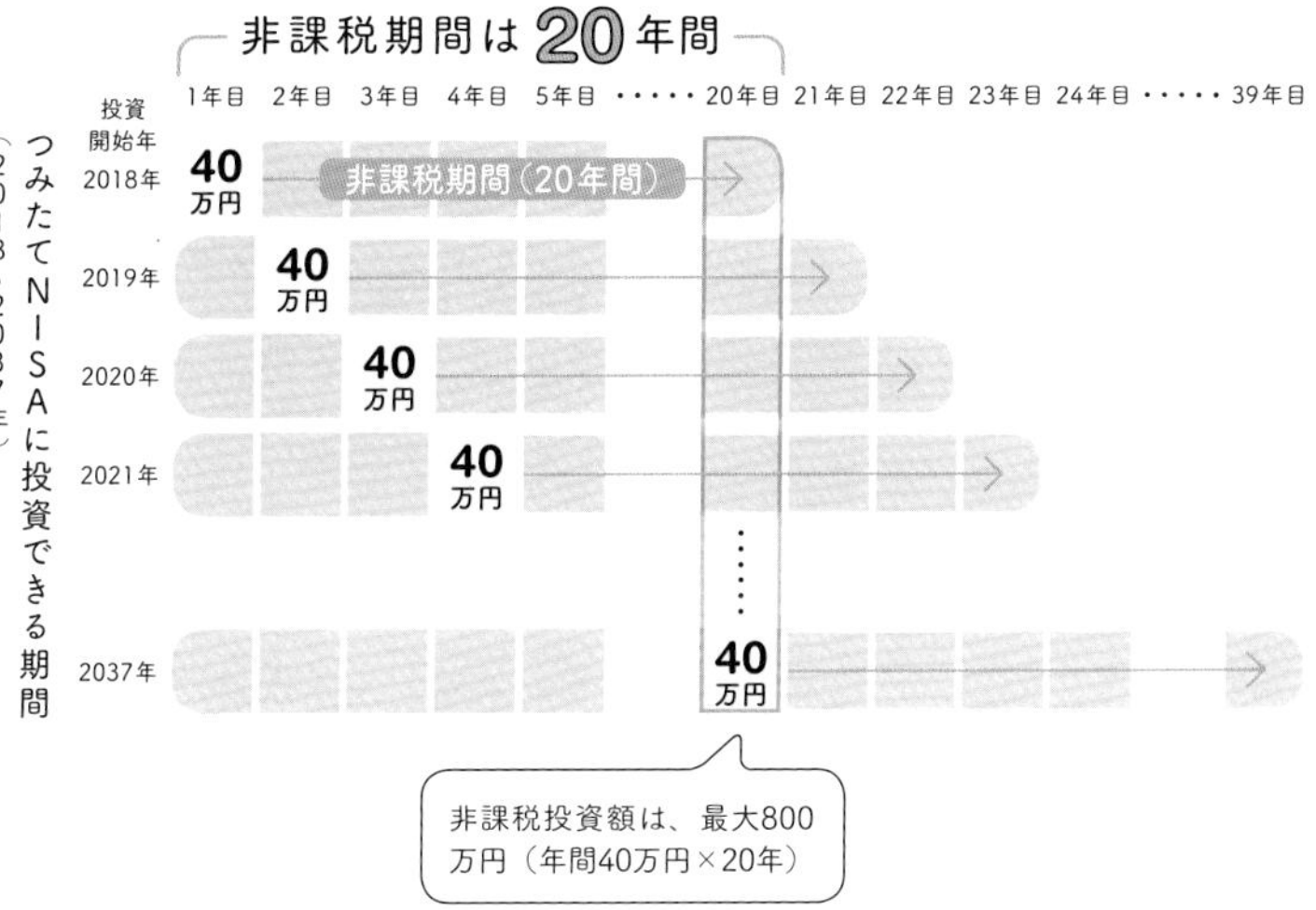


iDeCoとの違いは？

## 途中で売却・換金が可能

iDeCoは60歳まで引き出せませんが、つみたてNISAは途中で必要な分だけ売却してお金を引き出すことも可能。手元のお金が少なくて万が一のときに心配、という人にとっては、この流動性も魅力です。

**MEMO**

### 新規投資期間が延長に

令和2年度税制改正によって、現行の各種NISAは制度の一部が変更されることに決まりました。つみたてNISAに関しては、新規で投資できる期間が延長されます（≫P228）。

知っておきたい

# 投資の基礎知識

**iDeCoの運用商品は、預金や保険タイプのものを除くと、投資信託（ファンド）です。そのため、投資の最低限の知識は必要です。**

## ファンドを選ぶ前に必要な知識を蓄えて

投資信託（ファンド）の例

| | | | |
|---|---|---|---|
| 商品分類 | 世界債券 | 国内株式 | 世界REIT |
| 運用方法 | インデックス | アクティブ | アクティブ |
| 運用会社 | ABC アセット | △△投信 | ●● アセット |
| 特徴 | 世界債券をベンチマークに… | バリュー株を中心に… | 欧米のオフィスビルを… |
| 信託報酬 | 0.3% | 1.1% | 1.3% |
| 信託財産留保額 | — | — | 0.3% |

**自分にぴったりなファンドを選べるように**

どのファンドを選び、どう見直すかで、受取額が変わります。当然、期待リターンが高くなるほどリスクも高くなるので要注意です。最適なファンドは、人によって異なります。年利1%で大満足な人もいれば不満な人もいますし、どんな老後を過ごしたいか、親からの財産が期待できるのかなど、ライフプラン次第でもあります。P190〜とあわせて知識を蓄え、ファンドを選んでみてください。

# 株式と債券の違い、リスクとリターンの関係

株式投資をした人は、その会社に出資した「株主」つまりオーナーとなります。企業価値の高まりによって利益・恩恵を受けられますが、業績が悪化すれば投資した資金が損失してしまう可能性もあります。一方、債券投資をした人は「債権者」です。債券の発行体との関係はお金を貸し借りするに過ぎないので、原則、株式投資よりもリスクは低いですがリターンも低くなります。リスクとは、値段などが変動すること。変動するからこそ、リターンも期待できます。同じ株式や債券でも国内外で違いがあり、通常、国外のほうが外国為替相場の影響を受ける分、リスクが高いといえます。残念ながら低リスク高リターンのものはありませんが、リスクを抑えることはできます。例えば、野球では右打者と左打者を織り交ぜる打線を組み、ダブルスのテニスや卓球などではお互いの弱点をカバーできるペアで戦えば、負けるリスクは低くなります。ファンドは一般的に、こういったリスク管理をしています。

# REIT《リート》とは

不動産投資信託のことで、株や債券ではなく、オフィスビルや商業施設などに投資をしている投資信託です。株式や債券とは少し違うタイプの資産クラスとして位置付けられますが、リスク＆リターンは株式と同様、一般的には高めです。

リスクとリターンの高さは連動する

低 低
リスク リターン

国内／
債券

高 高
リスク リターン

国外／
株式／REIT

# インデックスとアクティブの違い

ファンド選びで重要なチェックポイントです。インデックスは、株価指数などのベンチマーク（比較のために用いる指標）に連動するのが目的で「平均点」が目標。日本の上場会社を代表する225銘柄の平均株価、つまり日経平均をベンチマークにしたインデックスファンドとなれば、おおよそ日経平均と同じ動きとなり、非常にわかりやすいです。対してアクティブは、それらを超過するリターンを狙いにいきます。「優秀な点数」を期待して特別クラスを組成するイメージです。生徒の選抜などに手間をかけるため高得点が期待できますが、必ず優秀な点数が取れるとは限りません。「日本株のアクティブファンド」が「日経平均インデックスファンド」に運用成果で負けることも考えられます。

# バリューとグロースの違い

アクティブファンドの運用方針の違いによって、これらの表現が使われます。バリューは「価値」。割安な銘柄を購入して投資収益を上げることがコンセプトです。例えば、自販機で130円だった缶コーヒーが、スーパーで98円だったら、「お得」とか「割安」といえるでしょう。株式も同様で、企業の業績や財務内容などを分析すると、日々取引される株価が「割安」と思われる局面があり、そうした銘柄に積極的に投資することを「バリュー投資」といいます。一方、グロースは「成長」。これから高い成長が期待できる銘柄に投資するというコンセプトです。アクティブファンドを選ぶなら、運用方針や、自分の考え方と合っているかなどの点を確認しましょう。

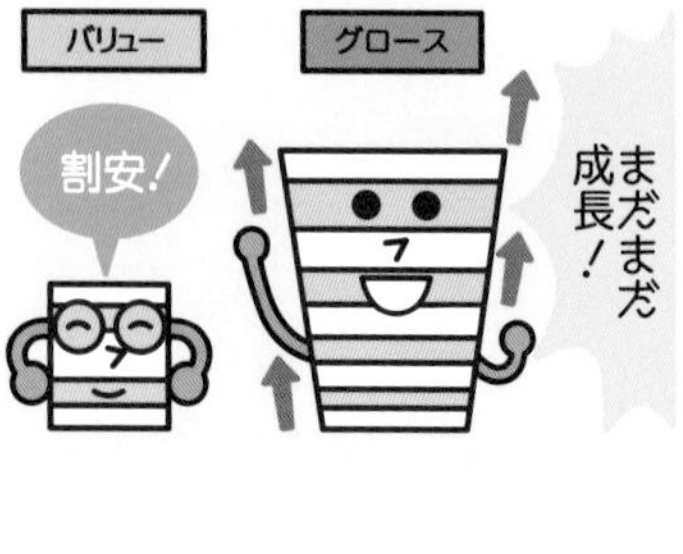

# 運用管理費用（信託報酬）と信託財産留保額

投資信託はプロが運用してくれるため、信託報酬はその手数料、年間維持費です。投資信託の価額（株式でいう株価と同じように、投資信託では価額が算出される）から差し引かれ、運用成果に影響します。アクティブファンドは信託報酬が高くなりがちなので、それに見合う成果が上がっているか、同じ商品分類のインデックスファンドと比較してチェックしましょう。さまざまな人が売り買いする投資信託では、ある人が解約するとなると、その口数に応じて株式などを売却するためコストが生じます。これを本人に負担してもらう役割を担うのが、信託財産留保額です。信託財産留保額がない場合、その分ファンドの価額に影響します。長期的に特定のファンドを持ち続けるなら、信託財産留保額がかかるほうがいいかもしれません。

常に手数料を支払う運用管理費用

売るとき一度だけ支払う信託財産留保額

## ワクワクしながらファンド選びを

車や電化製品などのパンフレットを見比べ、細かいスペックを調べているとワクワクした、という人も多いはず。同様に、iDeCoの投資商品選びでは「上手に選べば豊かな老後が待っている！」と思いながら向き合ってください。積極的にファンド選びをしていると、専門用語にも徐々に慣れていきますよ。

## 教えてFP！

# iDeCoを始めた矢先、コロナショックで相場が急変。何をどう見直したらいいの？

## 基本的に、慌てないで大丈夫。ファンドをチェックするチャンスと捉え、落ち着いて判断しましょう

2020年３月、新型コロナウイルスのパンデミックが宣言されると、世界中の株式市場は大暴落しました。とはいえ、投資を始めたばかりの若い人たちは慌てる必要はありません。運用中のファンドの評価額がマイナスになったからといって、すぐに元本確保型の商品へシフトしたりしないでください。相場が落ち着きを取り戻すと、大きく反転することもあります。今後も相場の急落は幾度となく経験すると思いますが、冷静になることが重要です。ただし、相場の急変は、一度ファンドをチェックする好機かもしれません。その手順を紹介します。

## CHECK 1 同類のファンドと比較

例えば「世界株式ABCファンド」という商品を運用しているとします。そのファンドと、iDeCoの商品ラインナップにある「世界株式」に投資している他のファンドの、過去３年間の運用成果を比較してみてください。運用成果は「月次レポート」といった報告書の「過去の騰落率」などで確認できます。相場全体が軟調で冴えない展開だったなら、同種ファンドも同程度のマイナスになっているでしょうから、それほど気にする必要はありません。一方、「世界株式ABCファンド」の下落率が際立って大きい場合は、別のファンドに見直すことも検討したいところです。

## CHECK 2 配分変更とスイッチング

ファンドを比較してみた結果、見直しをしたいとなれば、方法は2つあります。1つは「配分変更」。これまで「世界株式ABCファンド」に1万円を積み立ててきたのなら、その金額を減らすかゼロにして、他のファンドに切り替えます。もう1つは「スイッチング」。すでに買い付けてきた「世界株式ABCファンド」の一部または全部を売却し、その代金で他のファンドを購入するのです。つまり、今後の方針を変更することが「配分変更」、今まで積み立ててきた残高を見直すことが「スイッチング」です。ただし、ファンドを見直したからといって、必ずしもいい方向に進むとは限りません。

## CHECK 3 年齢に応じて見直し

配分変更やスイッチングは、判断に迷うときもあるでしょう。最も効果的なのは、年齢に応じてリスク許容度を考慮しながら見直すことです。iDeCoを行うことは、種をまいたところから木が育って果実が実るかのように、数十年かけて資産を大きく育てること。30・40代は、種まきの時期です。多少の変動には目をつぶり、大きく成長しそうなファンドに投資を続けていけば、50代で立派な樹木となり、果実を実らせるかもしれません。ところが、いよいよ給付金を受け取ろうというとき、今回のコロナショックのように世界的な大不況や金融危機といった台風に遭っては大変です。50代以降は、少しずつ安全資産に「配分変更」しながら、リスクの高いファンドからリスクの低いファンドに「スイッチング」するのが、見直し方法の一つです。

MEMO

### 2022年からのiDeCoの変更点

iDeCoの老齢給付金の受給を開始する年齢の上限は現状70歳ですが、2022年4月に75歳へ延長されます。また、iDeCoに拠出できる年齢は現状60歳未満ですが、同年5月から、国民年金の任意加入をしている人や、第2号被保険者で一定の条件を満たした人の場合、65歳未満に拡大されます。

押さえておきたい

# iDeCoやつみたてNISAの実践例&アドバイス

資産運用のベストな方法は、現在～数年先の、自分や家族の状況によって異なります。３つのケースを例に、詳しく見てみましょう。

## CASE 1 念願の第一子が誕生し教育費を視野に資産運用したい家族

**profile**

| | |
|---|---|
| 家族構成 | 夫（31歳、会社員）、妻（27歳、会社員で現在は育休中）、長男（生後3カ月） |
| 年収 | 夫**400万**円<br>妻（休職前）**360万**円 |
| 金融資産 | **280万**円 |
| 住居 | 家賃８万円のマンション |
| その他 | 夫婦ともに企業年金なし。長男が１歳になったら保育園に預けて妻は職場復帰予定だが、将来的にもう一人子どもが欲しいと考えており、数年以内に産休・育休に入る可能性もある。 |

**相談のポイント**

- 子どもが生まれて、将来のことを一層考えるようになりました。
- 銀行口座を貯蓄用と生活用に分けていますが、事あるごとに貯蓄用のお金を使ってしまい、うまく貯蓄できませんでした。
- 資産運用の経験はなく、あまりリスクをとりたくありません。
- 長男の教育方針は未定ですが、高校までは公立中心、大学は私立などの可能性も含め、早めに準備しておきたいです。
- ２人目の子ども次第ですが、どこかのタイミングで住宅購入も検討したいです。

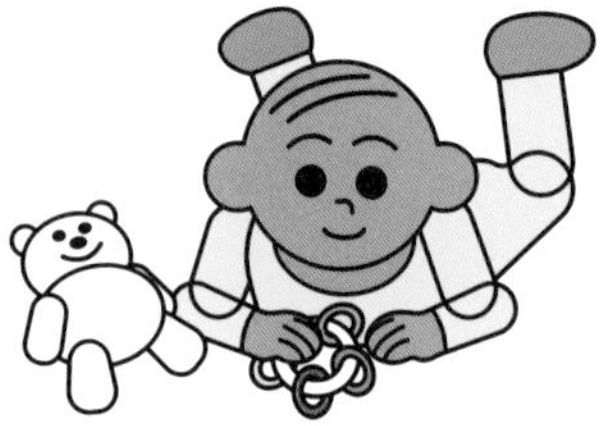

FPからのアドバイス

# 教育費を無理なく確実に貯蓄できる仕組みを利用しましょう

## 提案1 ジュニアNISAを有効活用

お子さんの誕生を機にジュニアNISAを始めると、いい記念になりそうです。最大の特徴は、18歳（3月31日時点で18歳である前年の12月31日）まで引き出しが原則できないこと。貯蓄用の口座に手をつけることが多かったとのことなので、ジュニアNISAが最適な教育資金の準備方法となります。このご夫婦も気になっている通り、一般的に、最も大きな教育資金は大学資金です。

そういう観点からも、ジュニアNISAが最適といえます。なお、ジュニアNISAは2023年で制度終了となっているので、2024年以降は違う形で積み立てを行う必要があります。

ただし、2023年までに積み立てた分は、引き続きジュニアNISA口座で管理可能です。

## 提案2 ジュニアNISAとつみたてNISAを併用

お子さんを保育園に預けることができて奥さんが復職できるか、また、2人目のお子さんのことなど、目先1～2年の展開次第で、家計の状況は大きく変わってきます。よって、18歳まで引き出しができないジュニアNISAだけで運用するのはデメリットになることも…。そこで、ジュニアNISAとつみたてNISAを併用するプランも有効です。つみたてNISAなら、早期売却・換金をなるべく避けるようにという一定の縛りを設けながらも、いざとなれば引き出すことができます。定期的に家計の状況を考慮しながら、2種類のNISAのバランスを意識して運用を行ってください。

このケースでは、優先順位は教育資金＞住宅資金＞老後資金。２人目のお子さんのことや住宅購入で支出が増える可能性を考え、１～２種類のNISAで資産形成するのがおすすめです。60歳まで引き出せないiDeCoは、奥さんが復職して家計に余裕ができたら始めるといいでしょう。

CASE 2

# 運用中のバランスファンドに改善点があれば知りたい20代会社員

**profile**

| | |
|---|---|
| 年収 | **400万**円 |
| 金融資産 | **100万**円 |
| その他 | 企業年金なし。税理士資格の勉強中で、合格後は独立を視野に入れている。3年以内には結婚する予定で、結婚後は早めに住宅を購入し、子どもも欲しいと考えている。 |

**相談のポイント**

- 投資には詳しくないので、つみたてNISAもiDeCoも、以前すすめられたことのある4資産均等タイプのバランスファンドで運用中です。
- iDeCoは節税メリットが魅力なので満額の月2万3000円を、つみたてNISAでは月1万円を積み立てています。
- 開業や結婚の際には、つみたてNISAの一部を引き出すことも視野に入れています。

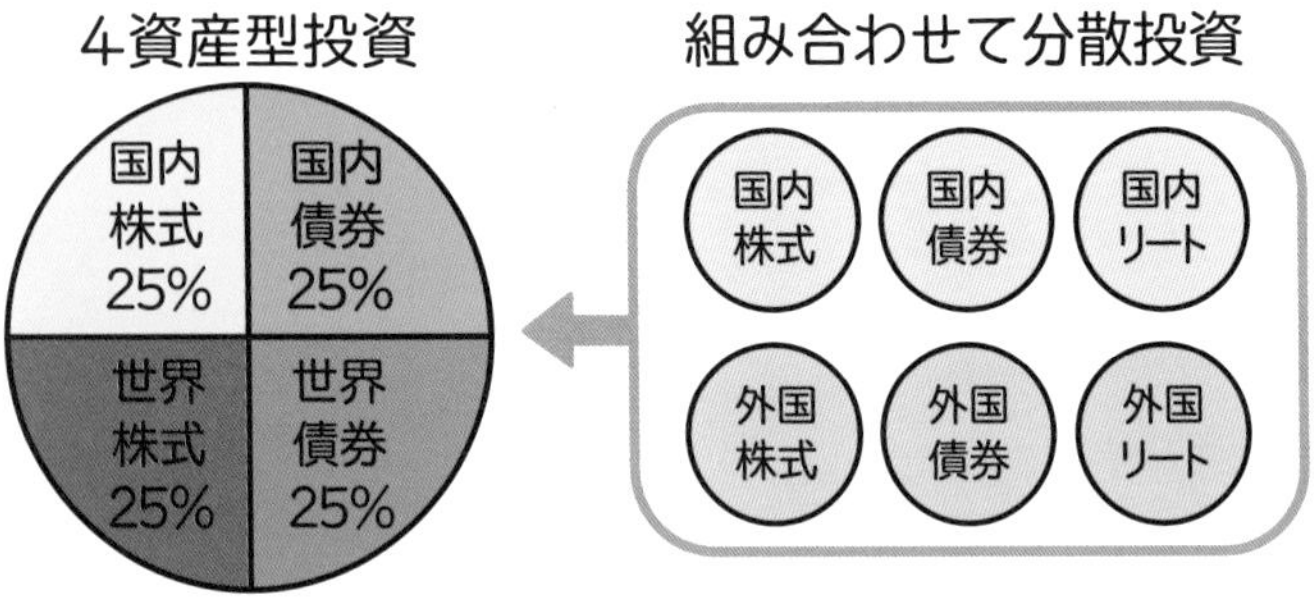


**MEMO**

**バランスファンド**

株式だけ、債券だけなど1つの資産を対象に投資するファンドとは違い、複数の資産を投資対象にしているファンドをバランスファンドといいます。例えば、国内の株式と債券、世界の株式と債券の計4つに25%ずつ投資するものは、4資産均等タイプです。国内、先進国、新興国といった対象地域と、株式、債券、REITといった対象資産の組み合わせ方はさまざまで、それにより6資産分散、8資産分散など資産数が変わってきます。また、株式の比率が高め、債券の比率が高めなど、配分比率もファンドによって異なります。

FPからのアドバイス

# 必要に応じて柔軟に引き出せる運用方法を設定しましょう

## 提案1 オリジナルの「バランスファンド」を作成

現状、1つのファンドで、国内株式・世界株式・国内債券・世界債券へ均等に分散投資ができています。もちろんこれでもいいのですが、国内株式のファンド、世界株式のファンド、債券中心のファンドというように複数のファンドで「バランスファンド」を作るという方法もあります。こうしておくことで、今後のライフイベントに際していざ引き出そうというときには、最も利益の出ているファンドから解約するなど、ファンドの状況や相場動向を見ながらの柔軟な対応ができるようになるのです。

## 提案2 iDeCoを減額、つみたてNISAを増額

拠出金の全額が所得控除になるiDeCoは、税務的に有利といえそうですよね。そのため、せっかくなら満額を拠出しておきたい気持ちはわかります。ただし、60歳までは引き出せません。ご自身もそれは承知のうえで、必要があればつみたてNISAからの引き出しを考えているとのこと。それなら、iDeCoとつみたてNISAの拠出金額を見直しておいたほうがいいかもしれません。例えば、開業後しばらくの間は売り上げが不安定ということも想定されます。そうした状況にも対応できるように、引き出しが自由にできるつみたてNISAへ多めに拠出するほうが安心で、メリットが大きいでしょう。

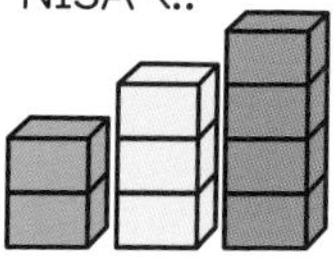

節税メリットの大きさから、拠出の優先順位をiDeCo＞つみたてNISA（または一般NISA）と考える人は多いものです。とはいえ、今回のケースのように、数年先にまとまったお金が必要になりそうなのであれば、つみたてNISAへの拠出を優先させたほうがいい場合もあります。

CASE 3

# この先結婚する予定はなく将来が不安な30代会社員

profile

| | |
|---|---|
| 年収 | **550万**円 |
| 金融資産 | **800万**円 |
| 住居 | 家賃4万円の会社契約のマンション |
| その他 | 企業年金なし。月々10万円を給与天引きで一般財形などに回している。夏冬の賞与は趣味の海外旅行に使うくらいで、大部分は貯蓄している。 |

相談のポイント

- 生涯独身のつもりなので貯蓄はできているものの、老後や病気のリスクを考えると不安が尽きません。
- 投資に興味は持っていますが、少し怖い印象もあります。それでも、何かしらの対策はしなければと思っています。

FPからのアドバイス

## 投資に少しずつ慣れていき、資産による所得も増やしていきましょう

### 提案 1 iDeCoに加入して満額を拠出

月々貯蓄している10万円のうち、2万3000円をiDeCoに回しましょう。投資が怖いなら、株式より安全性の高い債券を中心にして株式3：債券7の割合で始めるのがいいと思います。掛け金は、1万6000円を世界債券のファンド、7000円を世界株式のファンドに割り振るか、全額をバランスファンド（»P224）で運用するといいでしょう。iDeCoは、自由に引き出せる貯蓄額が減るという点で少し抵抗を感じるかもしれませんが、老後へ向けた資産形成の大きなポイントになります。

## 提案 2 iDeCoとつみたてNISAを併用

賞与があるため、投資額をもう少し増やしてもよさそうです。iDeCoに加え、つみたてNISAも検討してみてください。iDeCoとは逆に株式中心にして、積極的にリターンを取りに行くのもいいでしょう。iDeCoに２万3000円、つみたてNISAに２万円を拠出しても、まだ５万円以上を安全資産の財形や貯蓄に回せるので、リスクの取りすぎではありません。

## 提案 3 投資に慣れてきたら余剰資金も運用

預貯金が800万円なら、200〜300万円は投資に回す検討をしてもいいと思います。自分が働いて得る労働所得だけでなく、資産に働いてもらって得る資本所得の両輪で、収入を安定させましょう。自分が安定して働けているうちに資本所得を少しでも強固にしておくには、積極的な投資も必要です。

## 提案 4 余剰資金を運用しないなら保険を見直して家計を改善

預貯金を投資に回すと貯蓄が減るので不安、と感じるなら、保険の見直しはいかがでしょうか。大きな死亡保障は、一般的に遺族の生活費や子どもの教育費のためなので、極論、単身女性には必要ないと考えることができます。また、医療や介護に備えた保険も大変心強いですが、会社員には健康保険制度がありますし、手元に十分な資金があれば、それほど困りません。金融資産が800万円なら、万が一の葬儀代も確保できているといえます。安心を買うという位置付けで、最低限の医療保険や介護保険などに加入しておけば十分でしょう。こうした見直しによって節約できた保険料分は、貯蓄や投資に回してください。

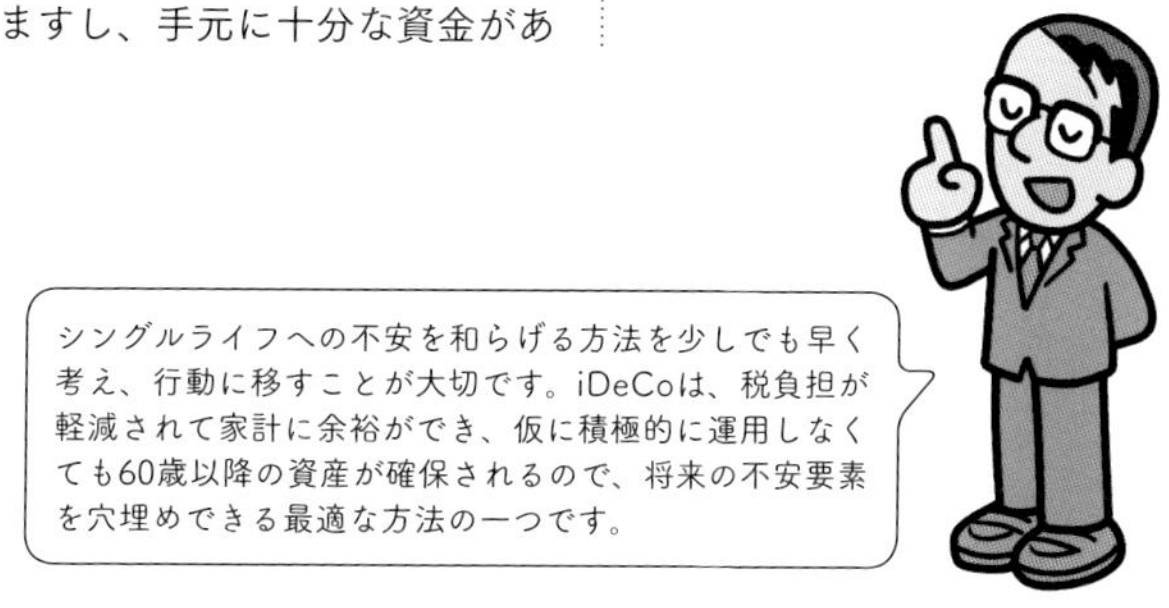
シングルライフへの不安を和らげる方法を少しでも早く考え、行動に移すことが大切です。iDeCoは、税負担が軽減されて家計に余裕ができ、仮に積極的に運用しなくても60歳以降の資産が確保されるので、将来の不安要素を穴埋めできる最適な方法の一つです。

どこがどう変わる？

# 新しくなる各種NISAの制度

資産形成の強い味方となる、3タイプのNISA。2024年からは新制度での運用になるので、変更点をチェックしておきましょう。

## 一般NISAは2024年から制度変更

投資可能期間に関する改正のポイント

| | NISA | つみたてNISA | ジュニアNISA |
|---|---|---|---|
| 改正前 | 投資可能期間は<br>**2014年～2023年** | 投資可能期間は<br>**2018年～2037年** | 投資可能期間は<br>**2016年～2023年** |
| 改正後 | 新しい制度下での投資可能期間は<br>**2024年～2028年**<br>これに加えて、投資枠が102万円と20万円の2つに分かれるようになる。 | **2042年**まで新規買い付けが可能に<br>投資可能期間は延長されるが、20年の非課税期間については変わらない。 | **2023年末**で廃止<br>2023年までに投資した部分が、非課税の対象。24年以降は払い出しが可能。 |

### 新制度でどのように運用していくのか確認を

まず、つみたてNISA、一般NISAともに、口座開設可能期間が5年延長されます。そのうえで、一般NISAは左ページにあるように、2階建ての枠組みにおいて投資をするように変更されることが決まりました。こうして制度が継続されるものがある一方で、ジュニアNISAについては2023年をもって廃止となるため、2024年からはどのように運用するのかを考える必要があります。

# 一般NISAから新・NISAへ押さえておきたいポイント

## 投資枠は2階建ての構造に

運用方法でいえば、新・NISAの２階部分が、従来の一般NISAと同じです。ただし、２階部分で運用するには、原則、１階部分での運用をしなければなりません。１階部分で購入できる商品は、つみたてNISAの対象商品と同じ。つまり、積み立てでの運用が必要なのです。１年間に投資できる全体の金額は、これまでよりも２万円増えますが、非課税枠にとらわれすぎて、余剰資金以上の額を投資することのないよう、計画的に利用しましょう。

一般NISA

120万円

新・NISA

2階 102万円

非課税期間は５年間。それが終了する前に非課税で売却するか、終了後に課税口座に移管する。

1階 20万円

非課税期間は５年間。終了したら、つみたてNISAへロールオーバー（移行）できる。

### 新・NISAで投資対象となる商品

**1階部分**

つみたてNISAの場合と同じく、積立投資、分散投資に適した一定の公募株式投資信託（不特定多数の投資家を対象に広く募集する投資信託）など。

**2階部分**

上場株式、公募株式投資信託、ETF（上場投資信託）、REIT（不動産投資信託）など。レバレッジをきかせている投資信託などは対象外。

もっと知りたい！ **新・NISA Q&A**

## Q NISAを利用している場合、何か手続きは必要？

### A 手続きが必要な場合もあるかも

2023年時点でNISA口座を開設しているのであれば、一定の手続きを経て、または自動的に、2024年に新・NISA口座が開設される予定です。今後発表される、手続きに関する詳細をチェックしましょう。

## Q 1階で20万円を運用しないと、2階は使えない？

### A 20万円は上限で、必須ではない

1階部分で、上限いっぱいの20万円を使い切る必要はありません。たとえ少額であっても1階部分を利用しているなら、2階部分を使った投資もできるようになります。

## Q 1階でせっかく積み立てるのに5年で終了なの？

### A つみたてNISAへのロールオーバーが可能

新・NISAの1階部分の投資対象は、つみたてNISAと同じ。そのため、非課税期間の5年が経過した時点でつみたてNISAにロールオーバーすることも可能になります。つまり、最長で25年間、非課税で運用できるのです。

## Q 1階での運用は絶対しなければならないの？

### A 2階だけでの運用が可能な場合も

すでにNISA口座を開設している人や投資経験者は、1階部分での積立投資は例外的に不要となります。つまり、2階部分だけを利用しながら、従来のNISAと同様の投資スタイルを継続できるのです。

一般NISAから新・NISAへの

# ロールオーバーの方法

**一般NISAでの購入分はすべて、新・NISAへ移すことができます。新しい制度は2階建てなので、2階の枠から順に使っていきます。**

Cさん（29歳）

**ロールオーバーを検討中**

- 2019年のNISA枠120万円を活用して、A株を120万円分購入。
- 2023年末で5年の非課税期間が終了する。

## CASE 1 2023年末の時点で A株の評価額が90万円になった

➡ **2階部分（102万円枠）へ90万円をロールオーバー**

- 2階部分の残額は12万円になるので、その分だけ、新たに株や投信の購入ができる。
- 1階部分の額は減らず20万円のままなので、全額分、新たに投信の購入ができる。

## CASE 2 2023年末の時点で A株の評価額が110万円になった

➡ **2階部分（102万円枠）へ102万円を、1階部分（20万円枠）へ8万円をロールオーバー**

- 2階部分は枠が埋まってしまうので、新規での購入はできない。
- 1階部分の残額は12万円になるので、その分だけ、新たに投信の購入ができる。

## CASE 3 2023年末の時点で A株の評価額が150万円になった

➡ **2階部分（102万円枠）と1階部分（20万円枠）へ150万円をロールオーバー**

- 1階部分と2階部分の合計122万円の枠を超える額でも、全額ロールオーバー可能。
- 2階部分も1階部分も枠が埋まってしまうので、新規での購入はできない。

COLUMN

# 離婚前に知りたいお金のこと②

**P152で紹介した通り、両親の話し合いで取り決めができる養育費。その現状や、裁判所の見解などを見てみましょう。**

## 裁判所が示す養育費の月額相場

### 子どもが1人（0～14歳）、両親ともに会社員の場合

<table>
<tr><th>義務者の年収／権利者の年収</th><th>100万円未満</th><th>約200万円</th><th>約400万円</th><th>約600万円</th></tr>
<tr><td>100万円未満</td><td colspan="4">0～1万円</td></tr>
<tr><td>約200万円</td><td colspan="4">1～2万円</td></tr>
<tr><td>約400万円</td><td>4～6万円</td><td colspan="3">2～4万円</td></tr>
<tr><td>約600万円</td><td>6～8万円</td><td colspan="2">4～6万円</td><td>2～4万円</td></tr>
</table>

### 子どもが2人（0～14歳）、両親ともに会社員の場合

<table>
<tr><th>義務者の年収／権利者の年収</th><th>100万円未満</th><th>約200万円</th><th>約400万円</th><th>約600万円</th></tr>
<tr><td>100万円未満</td><td colspan="4">0～1万円</td></tr>
<tr><td>約200万円</td><td>2～4万円</td><td colspan="3">1～2万円</td></tr>
<tr><td>約400万円</td><td>6～8万円</td><td>4～6万円</td><td colspan="2">2～4万円</td></tr>
<tr><td>約600万円</td><td colspan="2">8～10万円</td><td>6～8万円</td><td>4～6万円</td></tr>
</table>

参考：最高裁判所「平成30年度司法研究（養育費，婚姻費用の算定に関する実証的研究）の報告について」
※一部を抜粋し、数値を概算。

## 養育費の現状

厚生労働省の「平成28年度全国ひとり親世帯等調査結果報告」によると、母子家庭の約56％は養育費を受け取っておらず、そのほとんどで養育費の取り決めをしていませんでした。そうした人でも、今後の養育費を求めて主張することは可能です。

## 養育費が必要な期間

養育費は原則、子どもが成人するまで必要で、何歳までかは両親が話し合います。とはいえ、18歳から選挙権が与えられ、民法改正で18歳が成人となる一方、飲酒や喫煙は20歳からと、成人の判断は困難。裁判所などでは、20歳までと考えるのが一般的なようです。

離婚が子どもに与える影響を最小限にとどめるためにも、養育費は確実に払われるべき。離婚前、親権を持つ側は相手にしっかり請求し、適切な額や期間を話し合って取り決めることを、強く意識してもらいたいと思います。

# PART 5 所得税とその控除について知る

副業を始める人が増えていることもあり、ここで改めて所得税について知っておきましょう。納税までの流れに加え、控除に関するお得な制度も理解しておきたいものです。

Q

# 副業の税金の申告、どっちを選ぶ？

A

## 雑所得として申告

**事業所得はお得だが**
**副業で申告するのは困難**

コロナ禍で仕事が不安定になり、副業を始める人も多くなっています。会社員が副業をして20万円を超える所得があった場合、確定申告が必要ですが、副業の所得は雑所得とみなされる可能性が高いため、多くの人が雑所得として申告することになります。

そもそも、確定申告において事業所得とは、「もっぱら従事している事業」によるものと定義されています。主たる収入になってい

# B

## 事業所得として申告

ることや、大きな労力をかけていることなどを証明しなければ、事業所得とみなされないのです。そのため、副業ではなく兼業をしている場合であれば、事業所得として申告することもあるでしょう。

ちなみに事業所得には雑所得にない有利な制度があり、特に青色申告をすることで、大きな節税が期待できます。例えば、赤字が出たら損失額を3年間繰り越し、将来の所得から控除できること、最大65万円の特別控除があることなどです。

副業に関する税金って、今までなかなか知る機会がなくて、わからないことだらけ！

うんうん。会社員だと年末調整があるから、税金について知らないことは多いよね。

副業を始めていきなり20万円以上の利益が出るというケースは多くないので、最初から確定申告について過度に心配しなくていいかもしれません。とはいえ、経費にあたりそうな領収書は保存しておき、所得が20万円を超えた場合には、雑所得として確定申告しましょう。

お給料以外の所得で考えると、フリマアプリの売上金とかはどうなるんですか？

身の回りで不用になったものを売る分には、税金がかかることはありません。ただし、アクセサリーなどを手作りして販売するといった場合、事業とみなされることがあります。お給料以外の所得といえば、資産運用の利益もありますね。これに関しては、各種NISAを除いて、所得税と住民税がかかります。

なるほど。自分の収入はどれにあたるのか、きちんと把握しておかないといけませんね。

その通り！　お給料にかかる税金は年末調整によって確実に処理されますが、それ以外の収入に関しては、ルールを調べて自分主導で申告することが大切なんです。

これが基本！

# 副業の収入に関わる税金

**課税の対象となった場合に申告しないでいると、罰金が課されることもあります。基本的な税金については知っておきましょう。**

## 所得税

### 所得が20万円以下なら確定申告は不要

副業によって得た収入は所得税の対象となりますが、副業の収入から必要経費を差し引いた額が20万円以下の場合、確定申告をする必要はありません。

### 所得が20万円を超えるなら確定申告を

副業によって得た収入から必要経費を差し引いた額が20万円を超える場合は、確定申告をしなければなりません。申告漏れがあって指摘されると、延滞税や加算税を徴収されることもあります。

＋

## 住民税

### いかなる場合も申告・納付が必要

自分が住む都道府県と市区町村に支払うのが住民税で、公共サービスなどにあてられます。低所得世帯などを除けば、どんな場合も支払う必要があり、会社員の場合は給与から引かれていることがほとんどです。

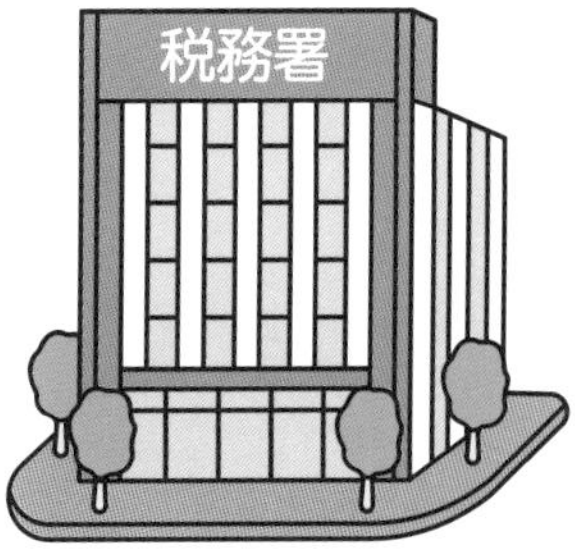

## 申告不要≠「非課税」

上記の「20万円ルール」を知っている人のなかには「20万円までなら税金がかからない」と捉えている人も多いのですが、あくまで所得税において申告が必要ないだけです。いうなれば、「確定申告シーズンは税務署も混雑していますし、少額であればわざわざ税務署に来て確定申告しなくてもいいですよ」という制度なのです。よって、医療費控除などそれ以外の理由で確定申告に行く場合は、20万円以下の所得もすべてきちんと申告しなければならない点も覚えておいてください。



※給与収入が2000万円を超える人や、２カ所以上から給与をもらっている人は、確定申告が必要です。

順を追ってチェック

# 所得税を知ろう

会社員でいえば、給与や賞与から天引きされている所得税。
所得控除のこともあわせて、知っておきましょう。

## 収入と所得の違い

**収入**とは
労働や商品などの対価
として得た全額

**所得**とは
収入から必要経費などを
差し引いたもの

例えば、自営業の人が商品を売って対価を得たら、その全額を収入といいます。ここから、店舗の家賃や仕入れ値、人件費など必要経費を差し引いたものが所得です。

### 会社員と個人事業主では所得の算出方法が異なる

所得税の前に、改めて所得について確認しておきましょう。収入から所得を算出するという流れは会社員でも個人事業主でも同じですが、その計算方法は異なります。個人事業主の場合、収入を得るためにかかった必要経費を自分で計算し、差し引きます。一方、会社員の場合は給与収入に応じた「給与所得控除」が定めてあるため、その控除額を差し引くことで、給与所得を計算できます。

# 所得の種類

**それぞれに計算方法が定められ、算出される**

所得は、下記の通り10種類あります。どのようにして得た収入なのかによって、所得の計算方法が異なるため、それに従い算出することで、所得額が決まるのです。下記では3種類について計算方法を紹介していますが、他の7種類も、それぞれ計算方法が定められています。なお、事業所得は農業、漁業、商工業、サービス業といった事業によるもので、給与所得には賞与なども含まれます。

所得は10種類に分けられる

## 事業所得

自営業や個人事業によって得る。

**収入－必要経費**

## 給与所得

会社員、パート・アルバイトなどが得る。

**収入－給与所得控除額**

## 不動産所得

不動産、船舶、航空機などの貸し付けによって得る。

**収入－必要経費**

## 雑所得

フリーマーケットの売上金、FXや仮想通貨取引の利益など。9種類の所得に該当しないもの。

## 利子所得

預貯金、債券の利子や、公社債関連の投資信託の分配金など。

## 配当所得

株式投資の配当金、証券投資信託の分配金など。

## 退職所得

退職時に一時金で受け取る退職金。一時金として受け取るiDeCoなども。

## 山林所得

5年を超えて保有する山林を、立ち木のままか伐採し譲渡することで得る。

## 譲渡所得

土地や建物、株式、ゴルフ会員権などを売却したことによる利益。

## 一時所得

保険の解約金や満期金、懸賞の利益、競馬の払戻金などが該当。

# 所得税の仕組み

**所得額、所得控除に応じた税率によって額が決まる**

　所得額がわかったところで、いよいよ所得税について見ていきましょう。下記の通り、1年間のさまざまな所得を合計して総所得金額を出し、そこから所得控除（≫P242）分を差し引いたものに、所得額に応じた税率をかけることで、所得税額が算出されます。なお、平成25年から令和19年までは、所得税額の2・1%の復興特別所得税もかかります。

所得税を算出する流れ

**給与収入**　**事業収入**　**その他の収入**

↓

それぞれ必要経費や給与所得控除額などを一定のルールに従って差し引き、所得額を計算

**給与所得**　**事業所得**　**雑所得**　など

↓

**総所得金額**　所得控除

**×税率 5%～45%**

支払った社会保険料や扶養家族の人数に応じて、また、医療費が一定以上かかった場合などに控除できる

※退職所得などは、総所得金額には含まれずに課税されます（分離課税といいます）。

# 年収と所得税率の関係

**年収が高いほど所得税率も高くなる**

所得税には、所得が多いほど税率が段階的に高くなる「超過累進税率」が適用されます。納税者の支払い能力に応じて公平に税負担できる仕組みです。具体的な税率は、下記「所得税の速算表」の通りです。課税総所得金額は、自営業者は自分で必要経費を踏まえて算出しますが、会社員は下記「給与所得控除額の速算表」をもとに算出できます。なお住民税率は、年収にかかわらず原則一律10％です。

会社員の場合

給与所得控除額の速算表

| 給与収入（A） | 給与所得控除額 |
|---|---|
| 162.5万円以下 | 55万円以下 |
| 162.5万円超　180万円以下 | A×40％－10万0000円 |
| 180万円超　360万円以下 | A×30％＋8万0000円 |
| 360万円超　660万円以下 | A×20％＋44万0000円 |
| 660万円超　850万円以下 | A×10％＋110万0000円 |
| 850万円超 | 195万0000円（上限） |

給与収入から給与所得控除額を差し引き、給与所得を算出 → 他に所得がないなら給与所得が総所得金額となるので、そこから所得控除分を差し引き、課税総所得金額を算出

所得税の速算表

| 課税総所得金額 | 税率 | 控除額 |
|---|---|---|
| 195万円以下 | 5％ | — |
| 195万円超　330万円以下 | 10％ | 9万7500円 |
| 330万円超　695万円以下 | 20％ | 42万7500円 |
| 695万円超　900万円以下 | 23％ | 63万6000円 |
| 900万円超　1800万円以下 | 33％ | 153万6000円 |
| 1800万円超　4000万円以下 | 40％ | 279万6000円 |
| 4000万円超 | 45％ | 479万6000円 |

# 所得控除の種類

**所得控除によって所得税額を減らし、お得に**

所得控除にはさまざまな種類があり、下記はその一部です。特に会社員は、自営業者のような税金対策ができない分、所得控除を上手に利用したいもの。自分に適用できるものがないか、確認してみてください。

自営業者は、所得から控除分を差し引き、確定申告書を提出・所得税を納付します。一方で会社員は、そもそも給与や賞与から源泉徴収、つまり所得税が天引

| | 控除額 |
|---|---|
| | （支出した医療費の合計額－保険金など補てんされる金額）－足切額<br>足切額 1 総所得金額などが200万円以上の場合は、10万円<br>2 総所得金額などが200万円未満の場合は、その合計額×5％ |
| | 全額 |
| | 全額 |
| | 最大4万円 ※支出した保険料に応じて異なる |
| | 最大4万円 ※支出した保険料に応じて異なる |
| | 最大4万円 ※支出した保険料に応じて異なる |
| | 16万円、32万円、48万円 ※納税者の合計所得金額に応じて異なる |
| | 13万円、26万円、38万円 ※納税者の合計所得金額に応じて異なる |
| | 16万円、32万円、48万円 ※納税者の合計所得金額に応じて異なる |
| | 1万～38万円 ※納税者の合計所得金額と配偶者の合計所得金額に応じて異なる |
| | 38万円 |
| | 63万円 |
| | 48万円 |
| | 58万円 |
| | 27万円 |
| | 40万円 |
| | 75万円 |
| | 35万円 |

※この他に、雑損控除、地震保険料控除、勤労学生控除などがある

きされています。ただし、人それぞれの所得控除を踏まえて所得税額を算出すると、源泉徴収額に対し過不足が生じるので、年末調整で精算します。ほとんどの場合、過剰に徴収された分が還付されます。また、年末調整では控除されない医療費や寄附金などは、確定申告を行うことで、還付を受けることができます。

| 区分 | | | | |
|---|---|---|---|---|
| | 医療費控除 | ※納税者本人、納税者と生計を同じにしている配偶者、その他の親族が対象。所得制限なし | | |
| | 社会保険料控除 | ※国民健康保険の保険料、国民年金の保険料など。納税者本人、納税者と生計を同じにしている配偶者、その他の親族が対象。 | | |
| | 小規模企業共済等掛金控除 | ※iDeCoの掛け金など | | |
| | 生命保険料控除 | ※控除額は最大で12万円。平成23年までの契約分は、旧生命保険料控除を適用 | 新生命保険料控除 | |
| | | | 介護医療保険料控除 | |
| | | | 新個人年金保険料控除 | |
| 基礎的な人的控除 | 基礎控除 | ※納税者の合計所得金額が2500万円以下の場合のみ | | |
| | 配偶者控除 | ※納税者の合計所得金額が1000万円以下の場合のみ | 一般の控除対象配偶者 | |
| | | | 老人控除対象配偶者（70歳以上） | |
| | 配偶者特別控除 | ※納税者の合計所得金額が1000万円以下の場合のみ | | |
| | 扶養控除 | | 一般の控除対象扶養親族（16歳以上19歳未満または23歳以上70歳未満） | |
| | | | 特定扶養親族（19歳以上23歳未満） | |
| | | | 老人扶養親族（70歳以上） | 同居老親等以外の者 |
| | | | | 同居老親等（納税者またはその配偶者と同居する父母・祖父母など） |
| その他の人的控除 | 障害者控除 | ※納税者本人が障害者の場合、または障害者である親族を扶養している場合に適用。配偶者控除、扶養控除などと併用可。16歳未満も対象 | 障害者 | |
| | | | 特別障害者 | |
| | | | 同居特別障害者 | |
| | ひとり親控除 | ※内縁関係にある人がいないこと、生計を同じにしている子がいること（その子は他の人の扶養親族などでなく、合計所得金額が48万円以下〈給与収入のみの場合は103万円以下〉）、納税者本人の合計所得金額が500万円以下であることが条件 | | |

# 医療費控除

**病気やケガは、心身のみならず家計にとっても負担になるもの。一定の医療費がかかったら、それに応じて所得税から控除されます。**

医療費控除額の算出方法（最高で200万円）

支出した医療費の合計額 － 保険金など補てんされる金額

－ 足切額（≫P242）

＝

医療費控除額

※対象となる人は、納税者本人、納税者と生計を同じにしている配偶者、その他の親族。対象となる医療費は、その年の１月１日から12月31日に支払った額。

## 年間の医療費が多くかかったら忘れず申請

### 病気やケガをしている場合、税負担が軽くなる

所得税は、「担税力」つまり税を担う力に即して課税するもの。医療費が多くかかる人は、病気やケガで大変な状況にあり「担税力」が高くないかもしれません。そこで、年間の医療費に応じて医療費控除があり、所得税や住民税の負担が軽減されるのです。なお、総所得金額等の合計が200万円以上の場合、医療費の合計額が10万円を超えなければ医療費控除を受けられないということになります。

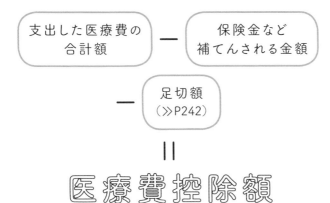

## 教えてFP！

### 共働き夫婦はどうするのがお得？

### その年の年収や医療費の状況をもとに、どちらが医療費を負担するか話し合いを

#### 夫婦それぞれの足切額を比較

夫

夫は会社員で、総所得金額等の合計額が316万円（年収ベースで約450万円）。
200万円以上なので、足切額は10万円

≫ 医療費が10万円を超えたら控除の対象に

妻

妻はパート勤務で、総所得金額等の合計額が75万円（年収ベースで約130万円）。
200万円未満なので、足切額を計算する
75万円×5％＝3万7500円
10万円よりも低いので、足切額は３万7500円

≫ 医療費が3万7500円を超えたら控除の対象に

**その年の夫婦の医療費が８万円だったとき**

夫が医療費を負担

10万円を上回らないため、控除の適用外…

妻が医療費を負担

3万7500円を上回るため、
8万円－3万7500円＝4万2500円
が控除される！

| 対象となるもの | 対象とならないもの |
| --- | --- |
| ● 病院での支払い | ● 体調管理が目的の栄養ドリンクやサプリなどの購入費 |
| ● 治療目的の医薬品の購入費 | ● 自家用車での通院に伴うガソリン代や駐車場代 |
| ● 電車やバスなどでの通院費、急を要した際のタクシー代 | ● 美容目的の歯列矯正費用 |
| ● 治療目的の歯列矯正費用 | ● 人間ドック代（異常なしの場合） |
| ● 人間ドック代（重大な疾病を発見し治療開始した場合） | |

# 個人年金保険料控除

保険会社が取り扱う商品の一つに、個人年金保険があります。
これも所得控除の対象なので、チェックしてみてください。

## 節税効果が高いので必ず申請を

申請方法

会社員、公務員 → **年末調整**で申請

自営業、個人事業主 → **確定申告**で申請

| 控除の上限額 | |
|---|---|
| 所得税 | 4万円 |
| 住民税 | 2万8000円 |

### 控除の上限額を踏まえて加入するのがお得

個人年金には、生命保険や医療保険とは別に、個人年金保険料控除という所得控除があります。これで税負担を軽減しながら老後資金を準備するのも、一つの方法です。年間の正味払込保険料が８万円を超えると上限の４万円が控除されるため、月額７０００円程度の個人年金に加入するのが効果的。ただし、契約の最低額に達しない場合もあるため、月額１万円程度で検討する人が多いようです。

## 教えてFP！

個人年金保険に入っていれば誰でも控除の対象になるの？

年金の受け取りなどに関していくつか条件があるので、それをクリアすること

### 控除の条件

1 年金の受取人は契約者または配偶者

2 年金の受取人は被保険者と同一

3 保険料の支払期間が10年以上

4 有期年金、確定年金は、年金の受取開始が60歳以上、受取期間が10年以上（終身年金は年齢要件なし）

### こんなところに注意して！

- 受取人を配偶者にした後に離婚した場合、受取人を契約者本人に変更しなければ、控除を受けられない。
- 60歳で退職する予定で、老齢基礎年金を受給できる65歳になるまでの5年間の年金の受け取りを手厚くしようと5年確定年金を選んだ場合、年金の受取期間が10年以上ないため、控除が適用できない。

例えばこんなにお得

課税総所得金額が**195**万円超（所得税率10％、住民税率10％）の人

保険料が月額7000円の個人年金（税制適格）に加入

≫ 控除額上限の 所得税**4**万円 住民税**2**万**8000**円 が適用される

所得税**4000**円 住民税**2800**円 合計**6800**円を軽減できる

**1カ月分の保険料**に相当する節税効果！

# 税額控除のこと

**申請すれば、税金がもっと安くなるからお得**

税金対策には、所得控除とは別に税額控除もあります。所得額から控除して所得税を抑える所得控除に対し、課せられた所得税から直接控除することによって税金そのものを少なくする仕組みが、税額控除です。ただし、申告しなければ適用されない制度なので、知らないと損をすることも…。そうならないように、自分にあてはまる控除がないかをチェックしてみましょう。

主な税額控除

| | |
|---|---|
| 住宅ローン控除（住宅借入金等特別控除） | 住宅を新築・購入・増改築した人に適用。所得金額が3000万円（会社員なら年収3195万円）以下など、いくつかの要件を満たすことにより、原則10年間の税額控除が受けられる。 |
| 配当控除 | 株式投資などの配当金を受け取ったときに適用。法人税を納めた後の企業の利益から支払われる配当に対して所得税を課すと二重課税になるため、それを調整するもの。 |
| 外国税額控除 | 国外から所得を得ている人が対象。日本と外国の双方で所得税を払うことによる二重課税を防ぐために控除する。 |

MEMO

**寄附金控除（寄附金税額控除）もチェック**

所得税では所得控除となり、住民税では税額控除となるものです。認定NPOや公益社団法人、政党などに寄附を行うと、控除が受けられます。対象の団体は、国税庁のWebサイトで確認を。ふるさと納税（»P250）もこれに該当します。

知って得する税額控除

# 住宅ローン控除

**マイホームを購入した人の負担を軽減するために
設けられているこの制度、利用しない手はありません。**

## 10年間で
## 数百万円が戻ってくるお得な制度

住宅ローン控除は、住宅購入時から10年間受け続けられるので非常にお得です。毎年末の住宅ローン残高の１％が、所得税額から控除されます。10年間の合計で最大400万円（優良住宅は500万円）が戻ってくることになるので、忘れず申請しましょう。会社員は１年目に確定申告が必要ですが、２年目以降は年末調整で適用されます。

### 2014年4月～2021年12月に入居した場合

| | 控除期間 | ローン残高限度額 | 控除率 | 控除額 |
|---|---|---|---|---|
| 一般住宅 | 10年間 | 4000万円 | 1.0% | 年間最高40万円（通算最高400万円） |
| 優良住宅など | | 5000万円 | | 年間最高50万円（通算最高500万円） |

消費税が10%になったことに伴い、一部改正

### 2019年10月～2020年12月に入居した場合（延長となる見込み）

| | 控除期間 | ローン残高限度額 | 控除率 | 控除額 |
|---|---|---|---|---|
| 一般住宅 | 13年間 | 4000万円 | 1.0% | ● 1年目から10年目までは、借入金等年末残高×控除率（1%）<br>● 11年目から13年目までは、下記の額のいずれか少ないほう<br>・借入金等年末残高×控除率（1%）<br>・住宅取得費などの対価または費用額（税抜き）×2%÷3 |
| 優良住宅など | | 5000万円 | | |

# ふるさと納税

**地域を応援しながら、お礼にその地域の産品などがもらえる制度。税金の面でどうお得なのか、詳しく見てみましょう。**

ふるさと納税のメリット

### 寄附金の使い道を選べる

応援したい自治体に自分のお金を役立ててほしいと寄附することが、ひいては自分の税金の使い道を選べることに。

### 税金が還付＆控除される

所得税が還付され、住民税が控除される。そのためには、確定申告をする必要がある（≫P252）。

### 地域の特産品などがもらえる

ふるさと納税の魅力となっているのが、豪華な返礼品。寄附のお礼として、地域の特産品などを受け取れる。

## 応援したい自治体に寄附をする制度

**納税する自治体が変わることが最大の特徴**

ふるさと納税は節税のための制度だという人がいますが、実際のところ、負担する税金額は変わりません。納税する自治体が変わるのです。むしろ、寄附金控除（寄附金税額控除）の仕組み上、2000円の自己負担が発生します。ふるさと納税の本来の目的はあくまで寄附ですが、「お得かどうか」だけに目を向けるなら、2000円相当以上の返礼品をもらう場合に得をするということになります。

## 教えてFP！

### 具体的には何が控除されるの？

ふるさと納税で寄附した額から
2000円を引いた額が
所得税と住民税から控除されます

ふるさと納税での控除のイメージ

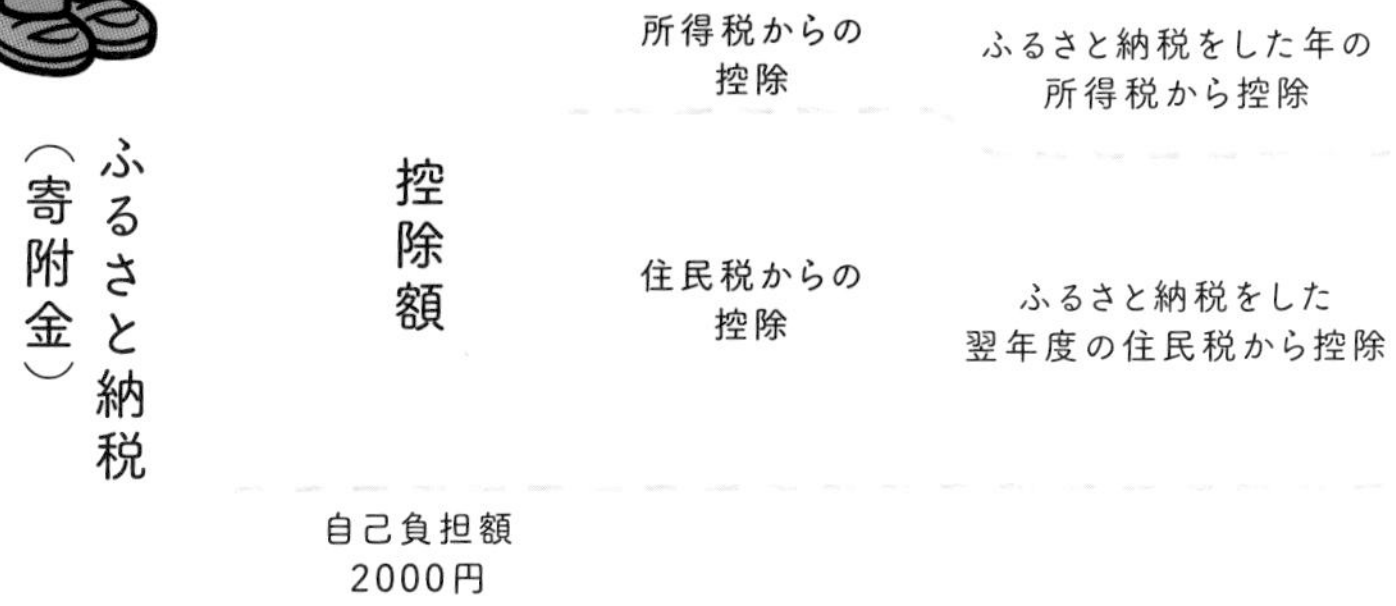


ふるさと納税を行った場合は、確定申告を忘れずに。すると、寄附金税額控除を受けられます。所得税と住民税それぞれで、複雑な計算をベースに控除額が決まりますが、控除のイメージは上記の通りです。2000円の自己負担分を除いて、全額が返ってくる場合も。詳しい計算方法は、ふるさと納税ポータルサイトや国税庁のWebサイトでチェックしましょう。

**MEMO**

### 返礼品に迷ったら、ポイントを選んでみては

自治体によっては、返礼にポイント制を導入しています。ポイントは返礼品と交換しますが、タイミングは自由。夏に付与されたポイントを年末年始に使うなど、自分の好きなときに返礼品をもらえるようになるのです。また、ポイントは積み立て可能なので、貯めた分だけ高額な返礼品をもらうこともできます。なかには、ポイント制を利用する人しかもらえない限定品が用意されているケースも。ただし、ポイントの有効期限には注意しましょう。

## こんなところに注意して！

### 原則として
## 確定申告が必要

ふるさと納税をすると寄附金受領証明書が送付されるので、これを添付して確定申告する必要があります。ただし、下記の制度を使えば申告不要です。

## ワンストップ特例制度

申請書と必要書類を寄附先の自治体へ提出すれば、確定申告の手間を省けます。ただし、この制度を利用できるのは、寄附をした自治体が5つ以内である場合です。また、この制度を利用すると、所得税からの控除はなく、全額が住民税から控除されることになります。なお、申請書は、ふるさと納税を受け付けているサイトや総務省のサイトからダウンロードできます。

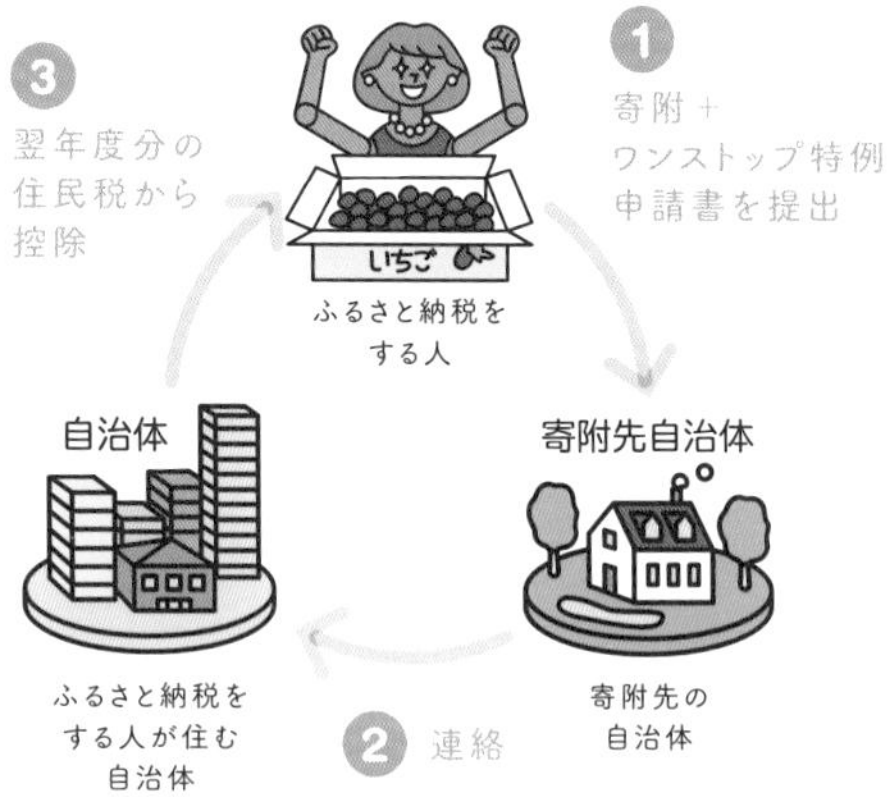


### 寄附は
## 年内に完了させること

税金は、1月1日〜12月31日の1年間分を計算します。年末ギリギリにふるさと納税をしても、同年の寄附金控除の対象とならない場合もあるため、年内に手続きが完了するように寄附の申し込みをしましょう。

### 控除される額には
## 上限がある

寄附金額がどんなに高額でも、住民税に上限があるため、その上限を超えた分は控除されません。自己負担の2000円を除いた全額が控除される寄附金額の上限を確認すること。左ページの通り年収や家族構成によって異なります。

## ふるさと納税で控除される上限額の目安

| ふるさと納税をする人の給与収入 | ふるさと納税をする人の家族構成 | | | | | | |
|---|---|---|---|---|---|---|---|
| | 独身または共働き夫婦 | 夫婦 | 共働き夫婦＋子ども1人（高校生） | 共働き夫婦＋子ども1人（大学生） | 夫婦＋子ども1人（高校生） | 共働き夫婦＋子ども2人（大学生と高校生） | 夫婦＋子ども2人（大学生と高校生） |
| 300万円 | 28,000 | 19,000 | 19,000 | 15,000 | 11,000 | 7,000 | ― |
| 350万円 | 34,000 | 26,000 | 26,000 | 22,000 | 18,000 | 13,000 | 5,000 |
| 400万円 | 42,000 | 33,000 | 33,000 | 29,000 | 25,000 | 21,000 | 12,000 |
| 450万円 | 52,000 | 41,000 | 41,000 | 37,000 | 33,000 | 28,000 | 20,000 |
| 500万円 | 61,000 | 49,000 | 49,000 | 44,000 | 40,000 | 36,000 | 28,000 |
| 550万円 | 69,000 | 60,000 | 60,000 | 57,000 | 48,000 | 44,000 | 35,000 |
| 600万円 | 77,000 | 69,000 | 69,000 | 66,000 | 60,000 | 57,000 | 43,000 |
| 650万円 | 97,000 | 77,000 | 77,000 | 74,000 | 68,000 | 65,000 | 53,000 |
| 700万円 | 108,000 | 86,000 | 86,000 | 83,000 | 78,000 | 75,000 | 66,000 |
| 750万円 | 118,000 | 109,000 | 109,000 | 106,000 | 87,000 | 84,000 | 76,000 |
| 800万円 | 129,000 | 120,000 | 120,000 | 116,000 | 110,000 | 107,000 | 85,000 |
| 850万円 | 140,000 | 131,000 | 131,000 | 127,000 | 121,000 | 118,000 | 108,000 |
| 900万円 | 151,000 | 141,000 | 141,000 | 138,000 | 132,000 | 128,000 | 119,000 |
| 950万円 | 163,000 | 154,000 | 154,000 | 150,000 | 144,000 | 141,000 | 131,000 |
| 1000万円 | 176,000 | 166,000 | 166,000 | 163,000 | 157,000 | 153,000 | 144,000 |
| 1100万円 | 213,000 | 194,000 | 194,000 | 191,000 | 185,000 | 181,000 | 172,000 |
| 1200万円 | 242,000 | 239,000 | 232,000 | 229,000 | 229,000 | 219,000 | 206,000 |
| 1300万円 | 271,000 | 271,000 | 261,000 | 258,000 | 261,000 | 248,000 | 248,000 |
| 1400万円 | 355,000 | 355,000 | 343,000 | 339,000 | 343,000 | 277,000 | 277,000 |
| 1500万円 | 389,000 | 389,000 | 377,000 | 373,000 | 377,000 | 361,000 | 361,000 |

※「共働き夫婦」は、ふるさと納税をする人が配偶者（特別）控除の適用を受けていない（配偶者の給与収入が201万円以上である）ケースを指す。

※「夫婦」は、ふるさと納税をする人の配偶者に収入がないケースを指す。

※「高校生」は、16～18歳の扶養親族を、「大学生」は、19～22歳の特定扶養親族を指す。

※中学生以下の子どもは控除額に影響しないため、例えば子どもが高校生１人と中学生１人なら「子ども１人（高校生）」に該当する。



参考：総務省「ふるさと納税ポータルサイト」

まだまだある！

# 家計が助かるお得な制度

ここまでに紹介できなかった制度を一覧にまとめました。詳細は、お住まいの自治体のWebサイトや窓口で確認してみてください。

## すまい給付金

住宅購入時の給付金。住宅ローン控除による軽減効果が十分に及ばない収入層に対し、住宅ローン控除とあわせて消費税率引上げによる負担の軽減をはかるためのもの。収入に応じて最大50万円が給付される。

## 住宅リフォーム関連

外壁塗装やバリアフリーなど、一定のリフォーム費用が補助される。20万円ほどの補助金が出る自治体もある。

## 住居確保給付金

離職などによって経済的に困窮し、住居を失った、またはその恐れがある者に対して行われる給付金制度。

## 葬祭費・埋葬料給付制度

葬儀後などの費用負担を軽減できる制度。国民健康保険など加入している医療保険制度や、市区町村によっても金額は異なる。

## 移住に対する支援金

地方創生を掲げる政府が、東京圏（東京都、埼玉県、千葉県、神奈川県）から郊外への移住者に対し支給するものや、自治体によっては住宅取得を支援するものもある。引っ越し前に確認しておきたい。

## 空き家対策

空き家の解体に際して、費用の一定割合を補助する自治体もある。一定の条件を満たせば、売却処分時の課税負担も軽減できる。

## 民間賃貸住宅家賃助成制度

自治体によって異なるが、公営住宅の入居基準を満たす子育て世帯が民間賃貸住宅に入居する際、仲介手数料と一定期間の家賃の一部が補助される。

## 特定不妊治療費の助成

体外受精および顕微授精（特定不妊治療）について、費用の一部を助成するもの。

※地域によって異なる場合や、適用期限などがあります。

# EPILOGUE

最後までお読みいただき、ありがとうございました。

新元号・令和となった最初の年末、本書執筆の依頼をいただきました。楽しく読める「お金の大辞典」のような一冊ができ上がるのでは？と胸を躍らせながら迎えた２０２０年。しかし、予想だにしない1年が待っていました。

新型コロナウイルスの感染拡大です。日々の生活は一変、日本経済も大打撃、そして私たちの家計にも大きな影響をもたらしました。

私自身も予定していた多くの仕事がキャンセルや延期となり、将来に対して大きな不安を抱くこととなりましたが、そんな不安を打ち消してくれたのは、お金の知識でした。

人と会えない自粛期間中、ＦＰとして自分自身の将来と向き合いました。税金や保険料の支払い、毎月の収支など今後のイメージを膨らませながら、少しでも家計にプラスとなる対策を模索しました。世界中の株価が大きく下落するなか、私の資産運用も影響を受けていましたが、本書でも紹介していますように、慌てずむしろ絶好のチャンスと捉え、積極的な運用を継続しました。このようなファイナンシャルプラン、家計の見直しが奏功し、何とか難局を乗り越えることができたと思っています。

そんな最中、お金を節約する方法、上手に増やす方法、そして、ピンチを切り抜ける方法を一つひとつまとめたのが本書です。

このような貴重な機会をいただき、朝日新聞出版の森香織氏、ＳＯＲＡ企画の丸山みき氏に感謝の意を表します。

感染症の拡大に限らず、これからの人生、失業・事故・病気といったピンチに遭遇することもあると思います。きっとそんなとき、お金の知識が大きな武器となり、助けてくれるはずです。また、素敵なマイホームの購入や豊かな老後生活など、理想を実現するために手助けしてくれるのもお金の知識だと思います。

皆さんが長い人生を〝完走〟するうえで、ときどき〝給水〟を取るかのように、本書を活用してくださることを願っています。

２０２１年２月　内山貴博

著者

**内山貴博（うちやま たかひろ）**

**内山FP総合事務所株式会社 代表取締役**
**ファイナンシャル・プランナー（1級FP技能士、CFP®）**
**MBA（九州大学大学院経済学府 経営修士課程修了）**
**九州共立大学経済学部 非常勤講師**


1978年生まれ。大学卒業後、証券会社の本社部門に勤務し、2006年に独立。FP相談業務を中心に、セミナー、執筆、金融機関研修、FPや証券外務員の資格対策講座などを担当。経営者向けの経営と家計を融合したFP業務や、英語でのFPコンサルティングやセミナーを開始するなど、FPとしての新たな活動領域を追求している。著書に『FPで笑いがとまらない開業ノウハウ』（ぱる出版）、『駆け出しFPの事件簿』（きんざい）がある。


Staff

撮影　吉村 亮　大橋千恵　石井志歩（Yoshi-des.）
イラスト　コルシカ　ビオレッティ・アレッサンドロ
編集・構成　丸山みき（SORA企画）
編集アシスタント　柿本ちひろ（SORA企画）
編集協力　圓岡志麻
企画・編集　森 香織（朝日新聞出版 生活・文化編集部）


ムダを減《へ》らして、増《ふ》やして安心《あんしん》！
# お金《かね》の使《つか》い方《かた》テク


2021年2月28日　第1刷発行

著者　内山貴博
編著　朝日新聞出版
発行者　橋田真琴
発行所　朝日新聞出版
〒104-8011　東京都中央区築地5-3-2
電話（03）5541-8996（編集）
（03）5540-7793（販売）
印刷所　大日本印刷株式会社




ISBN 978-4-02-333334-5